Shambhala

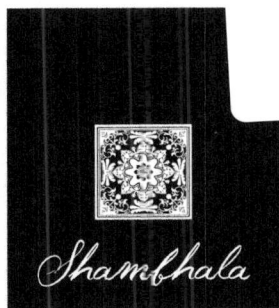

CÓMO SE ADQUIERE
EL CONOCIMIENTO DE LOS

MUNDOS
SUPERIORES

RUDOLF STEINER

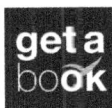

get a book

Con la antroposofía, el gran erudito austríaco **RU-DOLF STEINER** (1861-1925), buscó sentar la bases para un nuevo espiritualismo occidental que permitiese desarrollar los poderes del Espíritu y mejorar al ser humano. Steiner, que además de filósofo fue pedagogo de renombre (creador del sistema *Walden*), arquitecto, pintor, dramaturgo, pensador social y destacado ocultista, estuvo muy vinculado a la teosofía antes de crear su propio sistema. Tomó muchos elementos de las antiguas tradiciones para exponer sus ideas, que se fundaba en el desarrollo del individuo.

La antroposofía —de *anthopos*, hombre y *sophia*, sabiduría— trata de la evolución de la Tierra a través de siete etapas y siete civilizaciones, donde Ahriman y Lucifer son oponentes al progreso humano.

Steiner veía la fuerza central de la evolución humana en el ser que unifica todas las religiones, en general, y ninguna fe en particular. Pero comprendía la encarnación de Cristo como una realidad histórica que marcó un punto de inflexión en la historia de la humanidad. Para Steiner, el «ser de Cristo» no es sólo el redentor de las almas caídas en la materia, sino también el camino que da sentido al paso por la existencia y a todo el proceso evolutivo de la Tierra. La antroposofía es un camino de evolución espiritual. Steiner se refiere a cuatro «cuerpos» del individuo, así como a la reencarnación y la vida en los mundos espirituales.

Título original: **Wie erlangt man Erkenntnisse der höheren Welten?**
Autor: **Rudolf Steiner**

© 2022, Get a Book Editions, S.L.
www.getabook.es

Versión española de Pedro Gómez Carrizo a partir
de la traducción inglesa del original de George Metaxa

ISBN: 9798421812784
Sello: Independently published

Índice

Prólogos del autor 7

Condiciones 15

Quietud interior 29

La probación 45

La iluminación 57

La iniciación 79

Aspectos prácticos 95

Condiciones para la disciplina oculta 109

Algunos efectos de la iniciación 107

Transformación de la vida de los sueños 167

La continuidad de la conciencia 179

Disociación de la personalidad
    durante la disciplina espiritual 191

El guardián del umbral 205

La vida y la muerte. El guardián mayor del umbral 217

Apéndice 229

Prólogos del autor

Extracto de la edición de 1918

... A esta edición añadí un apéndice donde me esforcé en exponer, con mayor lucidez que antes, los fundamentos anímicos en que se apoyan las orientaciones de este libro, para que puedan acogerse sin malas interpretaciones. Creo que el contenido de este apéndice es también apropiado para demostrar, a quienes se oponen a la Antroposofía, que su punto de vista se apoya en una falsa concepción de la naturaleza de esta ciencia espiritual. Ellos ignoran en realidad qué es la Antroposofía.

Extracto de la sexta edición de 1914

Cuando escribí los estudios que integran este libro, me referí al contenido de lo que he venido publicando durante los últimos diez años sobre el conocimiento de los mundos espirituales de forma diferente a la que sería adecuada ahora. En mis obras *Ciencia oculta, Dirección espiritual del hom-*

bre y de la humanidad, Camino hacia el conocimiento de uno mismo y, principalmente, en *El umbral del mundo espiritual,* así como en otros de mis libros, se describen procesos espirituales a cuya existencia el presente libro tuvo ya que aludir hace más de diez años, pero empleando unos términos distintos de los que hoy parecen indicados. En ese tiempo tuve que advertir que muchas cosas no descritas en el libro solo podían entenderse por «transmisión oral». Actualmente ya está publicado mucho de lo que correspondía a tales indicaciones; pero supongo que han sido precisamente esas indicaciones las que dieron marco a las opiniones erróneas de los lectores. Podría considerarse, por ejemplo, que la relación *personal* con este o aquel maestro del aspirante a la disciplina espiritual es mucho más esencial de lo que debe ser. En esta nueva edición espero haber logrado perfilar con mayor claridad, por la manera como describo ciertos detalles, que, para quien busca la disciplina oculta bajo las circunstancias espirituales del presente, importa mucho más un contacto *inmediato* con el mundo espiritual objetivo que una relación con la personalidad del maestro, actuando cada vez más como asesor. Éste es el papel que incumbe al instructor en la disciplina espiritual, al igual que según las concepciones modernas, lo es en otras ramas del saber. Creo haber insistido suficientemente en que la autoridad del instructor y la fe en él, no debieran, en la disciplina espiritual, desempeñar papel distinto al de cualquier otro dominio del saber y de la vida...

Extracto de la tercera edición

El contenido de este libro sobre el desarrollo del alma humana trata de enfocar diversos aspectos. Primeramente, es expresión del deseo se corresponder a quienes, sintiéndose atraídos por los resultados de la investigación espiritual, se plantean la pregunta «¿De dónde obtienen su saber quienes afirman poder referirse a los profundos arcanos de la vida?» La ciencia del espíritu dice algo sobre tales enigmas. Quien desea observar los hechos que conducen a tales asertos tiene que elevarse a un conocimiento suprasensible, y seguir el camino que este libro trata de describir. Sin embargo, sería un error creer que las investigaciones de la ciencia del Espíritu carecen de valor para quien no tenga la inclinación o la posibilidad de hollar ese camino. Para investigar los hechos se requiere la facultad de entrar en los mundos suprasensibles; pero si se transmiten después de explorados, también aquellos que no hayan tenido percepción directa de ellos pueden llegar a una convicción suficiente de su autenticidad. Gran parte de las investigaciones que se hagan podrán demostrarse sometiéndolas simplemente, y en forma imparcial, al juicio sano. Advertimos que esta imparcialidad no debe ser enturbiada por prejuicios tan corrientes en la vida humana. Sucederá fácilmente, por ejemplo, que alguien piense que esto o aquello no es compatible con ciertos resultados científicos del presente. En realidad, no existe resultado científico alguno que contradiga la investigación espiritual; en cambio, fácil es creer que este o aquel parecer científico no concuerda con las investigaciones de los mundos superiores, si los resultados científicos no se juzgan omnilateral e imparcialmente. Con actitud independiente se descubrirá que cuanto más imparcialmente se compare la ciencia del Espíritu con las positivas conquistas científicas, tanto más evidentemente se podrá reconocer el perfecto acuerdo entre ellas. No debo negar que hay una parte de esa investigación de la ciencia espiritual que se substrae, hasta cierto grado, al juicio meramente intelectual. Mas no será difícil encontrar la relación debida, aun respecto de esa parte, para quien comprenda que no solamente el intelecto, sino también el sentimiento sano, puede ser un buen juez en la búsqueda de la verdad. Cuando tal sentimiento no se deja arrastrar por simpatías o antipatías por esta o aquella opinión, sino que real e imparcialmente deja que los conocimientos de los mundos suprasensibles actúen sobre él, nace un juicio basado en el sentimiento.

Existen aún muchos otros caminos que pueden mostrar la veracidad de lo que decimos a aquellas personas que no pueden o no quieren hollar el sendero del mundo suprasensible. Esas personas pueden sentir, no obstante, el valor que tienen para la vida aquellos conocimientos, incluso cuando solo lleguen hasta ellos por los relatos de los investigadores espirituales. No todos los hombres pueden convertirse instantáneamente en videntes; pero los conocimientos del vidente son, para cualquiera, alimento apropiado y sano. Todos pueden aplicar aquellos conocimientos a la vida diaria, y quien lo haga no tardará en comprobar qué aspecto toma ella en todas sus esferas y cuán pobre es el vivir para quien se encuentra al margen de la inquietud espiritual.

Debidamente aplicado a la vida, el conocimiento de los mundos suprasensibles no es algo exento de utilidad, sino efectivamente práctico en el sentido más amplio. Aun cuando el lector no pretenda recorrer por sí mismo el sendero del conocimiento superior, si le interesan los hechos observados por otros puede llegar a preguntarse de qué manera llega el vidente a conocer tales hechos. A las personas que se planteen este interrogante, este libro va a darles idea de lo que se tiene que hacer para conocer en verdad el mundo suprasensible: describirá el camino hacia él de tal forma que logrará suscitar la confianza hacia quienes lo han recorrido. También es posible, al observar la actividad del investigador espiritual, aprobarla diciéndose: la descripción del sendero de los mundos superiores causa en mí una impresión tal que puedo comprender por qué los hechos transmitidos me parecen razonables.

Así pues, este libro aspira a ser útil a quienes deseen robustecer y afirmar su sentido y sentimiento de la verdad frente al mundo suprasensible. Empero, no quiere ofrecer nada menos a quienes buscan por sí mismos el camino hacia el conocimiento suprasensible, los únicos capaces de comprobar, por las propias experiencias vividas, la verdad de lo aquí expuesto. Estos últimos harán bien en repetirse continuamente que, para asimilar la descripción del desarrollo del alma, se necesita algo más que la información del contenido, a menudo suficiente cuando nos hallamos ante otro tipo de conocimiento. Es preciso familiarizarse íntimamente con la exposición del asunto, no tan solo mediante lo que acerca de él se dice, sino también a través de estudios que atañen a asuntos muy distintos. Así se llegará a la idea de que lo esencial no descansa en una sola verdad, sino en la concordancia, de todas. Quien desee practicar los ejercicios deberá tomar esto muy en cuenta. Un ejercicio puede ser bien comprendido y aun correctamente ejecutado, y a pesar de ello, puede causar un efecto indebido si el ejecutante no lo equilibra con otro ejercicio que compense la unilateralidad del primero y restablezca la armonía del alma.

Quien lea este libro con hondura, de modo que su lectura se convierta para él en una vivencia interior, no solo se familiarizará con su contenido, sino que vibrará con sentimiento distinto en cada experiencia, y de este modo llegará a comprender el peso que tiene una u otra para el desarrollo de su alma. También descubrirá en qué forma debe emprender este o aquel ejercicio, o cuál de ellos conviene mejor a su individualidad particular. Cuando se trata, como aquí, de la descripción de procesos que han de ser vividos, resulta necesario volver siempre sobre su contenido, de suerte que nos demos cuenta de que hay muchas cosas para cuya satisfactoria comprensión es necesario ensayarlas uno mismo. Después del intento se observan ciertos detalles que antes, forzosamente, escapaban a la percepción.

Los lectores que no pretendan seguir el camino trazado encontrarán asimismo en este libro muchas enseñanzas que les serán útiles para su vida interior: reglas de conducta, indicaciones que aclararán lo que pudiera parecer enigmático, etc. Finalmente, también aquellas personas que atesoren ya cierta experiencia, para quienes la vida ha servido en cierto sentido como una iniciación, podrán sentir satisfacción al hallar en estas páginas, dilucidado en conjunto, un conocimiento que habían vislumbrado en rasgos inconexos; algo que en el fondo ya sabían, sin haber llevado tal vez ese saber a una representación que les complaciera.

Condiciones

En todo hombre duermen facultades que le permiten adquirir conocimientos de los mundos superiores. El místico, el gnóstico, el teósofo, siempre han hablado de un mundo anímico y de un mundo espiritual, tan reales para ellos como el que ven nuestros ojos físicos y toca nuestra mano. Al escucharlos puede uno decirse en cada momento a sí mismo: «Estas experiencias yo también puedo tenerlas si desarrollo ciertos poderes que hasta ahora duermen aún en mí». El problema consiste en saber cómo empezar el desarrollo de estas facultades latentes, para lo cual solo quienes las posean ya pueden aconsejar o enseñar.

Desde que existe el género humano ha existido siempre una disciplina mediante la cual los hombres dotados de facultades superiores han impartido su enseñanza a quienes aspiraban a tenerlas. Este entrenamiento se ha denominado disciplina oculta, esotérica, y la enseñanza recibida ha sido llamada enseñanza oculta, esotérica, o ciencia espiritual. Tal denominación provoca, por su naturaleza, malas interpretaciones. Podría uno sentirse tentado a creer que los instructores de esta disciplina pretendían aparecer como una especie de hombres privilegiados que arbitrariamente rehusarán comunicar su saber a sus semejantes. Y quizá se llegará a pensar que, oculto tras ese saber, no había nada de valioso, pues uno podía tender a imaginar que si se tratará de un auténtico conocimiento no habría necesidad de ocultarlo como un misterio, sino al contrario, podría hacerse público para que la humanidad entera se aprovechará de sus beneficios.

Los iniciados en la naturaleza de esta sabiduría superior en modo alguno se asombran al oír hablar así a los no iniciados, pues solo pueden comprender en qué consiste el misterio de la iniciación quienes, hasta cierto grado, la han experimentado en el conocimiento superior de la existencia. La pregunta que naturalmente surge es: si esto es así, ¿cómo suscitar en el no iniciado interés humano alguno hacia esa pretendida ciencia oculta? ¿Cómo y por qué habría de buscar algo cuya naturaleza no puede llegar a concebir? Semejante pregunta descansa en una idea completamente errónea de la verdadera naturaleza del conocimiento esotérico, pues en realidad no existe diferencia entre ese conocimiento y todo el que corresponda al saber y poder humanos. Este saber oculto no es, para el hombre común, un misterio mayor de lo que pueda ser la escritura para aquel que no la ha estudiado. Y así como cualquier persona puede aprender a escribir si emplea los métodos adecuados, así también todo hombre puede llegar a ser discípulo, y hasta maestro de la ciencia oculta, si busca los caminos apropiados. En un aspecto difieren aquí las condiciones de aquellas que corresponden al conocimiento externo y es en que la posibilidad de saber leer y escribir puede no estar al alcance de algunos por su pobreza material o por las condiciones del medio ambiente en que nacieron, mientras que para la adquisición del saber y de las facultades de los mundos superiores no hay obstáculo que se oponga a una búsqueda sincera.

Muchos se imaginan que es necesario buscar en un lugar determinado a los maestros del conocimiento superior para recibir sus explicaciones. Al respecto, dos cosas son ciertas: la primera es que quien aspire seriamente al saber superior no escatimará esfuerzo alguno ni retrocederá ante ningún obstáculo para encontrar al maestro que lo inicie en los misterios superiores del universo. Por otra parte, el neófito puede estar seguro de que la iniciación saldrá a su encuentro de todas maneras, si late en él un esfuerzo serio y sincero para alcanzar el conocimiento pues existe una ley natural entre todos los iniciados que les impide rechazar a cualquier hombre digno del conocimiento. Pero existe también otra ley, tan natural como la primera, que les prohíbe impartir la menor parte del conocimiento esotérico a quien carezca de méritos para recibirlo. Y un iniciado es tanto más perfecto cuanto más estrictamente observe estas dos leyes. El círculo espiritual que une a todos los iniciados no pertenece al mundo exterior, pero esas dos leyes constituyen los broches de ese vínculo. «Podrías vivir en íntima amistad con un iniciado, pero siempre existiría un abismo en relación con su ser esencial hasta convertirte también en iniciado; podrías poseer todo su corazón y su afecto, pero no te haría partícipe de sus conocimientos hasta que estuvieses maduro para recibirlos. Podrías adularlo, torturarlo; nada lo inducirá a revelarte cosa alguna que no deba trasmitirte, ya que tu grado de evolución no te permite acoger en el alma, como es debido, este misterio».

Minuciosamente precisados están los caminos que el hombre debe recorrer para adquirir la madurez que le permita recibir el conocimiento superior. El derrotero que ha de seguir ha sido trazado con caracteres indelebles, eternos, en los mundos espirituales, donde los iniciados guardan los misterios superiores. En los tiempos antiguos que precedieron a nuestra «historia», los templos del Espíritu eran exteriormente visibles. En el tiempo presente, por haberse distanciado tanto nuestra vida de lo espiritual, estos templos no son accesibles a los ojos materiales, si bien existen por doquier, espiritualmente, y aquel que los busque podrá encontrarlos.

Solo en su propia alma hallará el hombre los medios para que se abran los labios de un iniciado; si desarrolla en sí mismo determinadas cualidades hasta cierto grado de elevación, pasarán a ser suyos los sublimes tesoros del Espíritu.

Condición previa es cierta disposición fundamental del alma, denominada en la ciencia espiritual el sendero de la veneración, de la devoción hacia la verdad y al conocimiento. Solo aquel que tenga esa disposición fundamental puede llegar a ser discípulo de la ciencia oculta. Quien tenga experiencia en ese dominio sabe qué disposiciones se observan, desde la infancia, en aquellos que más adelante llegarán a ser discípulos. Existen niños que contemplan con temor reverencial a ciertas personas. Sienten por ellas un respeto tan profundamente arraigado en su corazón, que les imposibilita todo pensamiento rudimentario de crítica o de oposición. Tales niños, al llegar a la adolescencia, se sienten felices al levantar sus ojos hacia algo digno de veneración. De las filas de niños semejantes salen muchos discípulos de la ciencia oculta. «¿Te has detenido alguna vez ante la puerta de una persona a quien veneras, y has sentido en esa tu primera visita algo semejante a un temor reverencial al mover el pestillo para acceder a una habitación que, para ti, es como un santuario? En tal caso has experimentado un sentimiento que puede ser el germen para tu futuro discipulado en la ciencia oculta».

Una disposición de esa índole es una bendición para todo ser humano en proceso de desarrollo, y no se crea que facilita la tendencia hacia la sumisión o la esclavitud. La devoción, manifestada al principio con respecto a personas, se transforma al superar la infancia en devoción hacia la verdad y el conocimiento. La experiencia patentiza que los hombres de cabeza erguida son aquellos que han aprendido a venerar allí donde la veneración está justificada, y ella siempre está indicada cuando surge de las profundidades del corazón humano.

Si no cultivamos en nuestro interior un arraigado sentimiento de que existe algo por encima de nosotros, nunca encontraremos el poder de desarrollarnos hacia el nivel superior. El iniciado conquista la capacidad de elevar la cabeza hacia las cumbres del conocimiento, tras conducir su corazón hacia las profundidades de la veneración y de la devoción. Las cimas espirituales no se pueden alcanzar sino a través del portal de la humildad. «Solo puedes llegar a un verdadero conocimiento si has aprendido a apreciarlo», y si bien es cierto que el hombre tiene derecho a ver la luz frente a frente, este derecho ha de adquirirse.

En la vida espiritual existen leyes, igual que en la vida material: si frotamos una varilla de vidrio contra una sustancia adecuada, aquélla se magnetiza, es decir, adquiere el poder de atraer pequeños objetos. Este fenómeno corresponde a una ley natural asaz conocida por todo aquel que tenga nociones de física. De la misma manera se sabe, si se conocen los elementos de la ciencia oculta, que todo sentimiento de verdadera devoción cultivado en el alma desarrolla una fuerza que, tarde o temprano, hará adelantar al hombre por el sendero del conocimiento.

Quien se halle dotado de este sentimiento de devoción, o tenga la fortuna de que una educación apropiada se lo haya inculcado, estará en posesión de un valioso caudal cuando más tarde busque acceso a los conocimientos superiores. En cambio, quien no aporte esta preparación, encontrará dificultades desde sus primeros pasos en el sendero del conocimiento, salvo que se preocupe por desarrollar en sí mismo esta actitud devota imponiéndose una rigurosa autoeducación. Hoy en día es particularmente importante prestar una completa atención a este punto. Nuestra civilización tiende más bien a criticar, juzgar y condenar, que a admirar y venerar altruistamente; hasta nuestros hijos critican mucho más de lo que veneran. Y sin embargo, toda crítica, todo juicio desfavorable, expulsa del alma las fuerzas que le permiten llegar al conocimiento superior, en el mismo grado en que la veneración desinteresada las desarrolla. Al decir esto no queremos acusar a nuestra civilización; no se trata aquí de censurarla. Debemos la grandeza de nuestra cultura precisamente a la crítica, al juicio humano autoconsciente y a la costumbre de escudriñar todo y retener lo bueno. Jamás el hombre hubiera alcanzado la ciencia, la industria, los transportes y la legislación de nuestra época, si no hubiera aplicado por doquier el patrón de su juicio crítico. Mas lo que hemos ganado así en el dominio de la cultura externa, tuvimos que pagarlo con una merma correspondiente del conocimiento superior y de la vida espiritual. Hemos de insistir en que en el saber superior no hablamos de veneración por las personas, sino por la verdad y por el conocimiento.

Sin embargo, no podemos dejar de tener en cuenta que, al hombre sumergido por completo en la civilización materialista contemporánea, le resulta muy difícil avanzar en el conocimiento de los mundos superiores: solo lo logrará trabajando intensamente sobre sí mismo. En los tiempos en que las condiciones de la vida material eran sencillas, el progreso espiritual era más fácil de lograr. Lo venerable y lo digno de adoración se destacaban mejor de las demás cosas del mundo. En nuestra época de crítica, los ideales pierden categoría; otros sentimientos ocupan el lugar del respeto, de la veneración, de la adoración y de la admiración. Nuestra época rechaza cada vez más estos sentimientos, que solo en un grado muy reducido pueden ser cultivados en el hombre a través de su vida cotidiana. Quien busque el conocimiento superior deberá crear esos sentimientos en sí mismo, instilarlos en su alma, no por medio del estudio, sino a través de la vida. Quien quiera, por lo tanto, llegar al discipulado, deberá desarrollar, mediante una autoeducación rigurosa, una vida interna de devoción; buscar en el entorno, o en sus propias experiencias, todo cuanto pueda suscitarle sentimientos de admiración o reverencia.

Si al encontrarme con una persona la reprendo por sus debilidades, me despojo de mi poder cognoscitivo superior; por el contrario, si trato de penetrar con afecto en sus buenas cualidades, aumento ese poder. El discípulo debe estar siempre atento a observar estas instrucciones. Los investigadores espirituales experimentados saben cuánta energía deben a la actitud de considerar siempre el lado bueno de todas las cosas, rechazando todo juicio desfavorable, actitud que no se circunscribe a reglas externas de conducta, sino que satura hasta lo más íntimo de nuestra alma. El poder que tiene el hombre de perfeccionarse y transformarse completamente con el tiempo debe consumarse en su vida más íntima, en su vida cogitativa: no basta con demostrar respeto en mi actitud exterior; el respeto debe saturar mis pensamientos. El discípulo ha de comenzar, pues, por otorgar a la devoción un lugar en su vida cogitativa, estar siempre alerta contra todo sentimiento de menosprecio o denigración que pueda existir en su conciencia, y esforzarse especialmente en el cultivo de pensamientos devotos.

Cada momento en que nos disponemos a pasar revista de lo que nuestra conciencia contiene de juicios desfavorables, denigrantes o críticos con respecto al mundo y a la vida, sí, cada uno de esos momentos, nos aproxima al conocimiento superior. Y rápidamente avanzamos si en tales ocasiones henchimos nuestra conciencia tan solo de pensamientos de admiración, de estima y de veneración hacia el mundo y la vida. Los versados en estas materias saben que en tales instantes se despiertan en el hombre poderes que, de lo contrario, permanecerían latentes, y que así se abren los ojos espirituales del hombre; que así empieza él a percibir cosas en torno suyo que antes no veía; así comienza a darse cuenta de que anteriormente solo había entrado en relación con una parte del mundo circundante. Toda persona que sale a su encuentro le presenta un aspecto completamente nuevo. Huelga decir que esta regla de conducta no basta para que él pueda percibir, por ejemplo, el aura humana: necesita de una disciplina más elevada; pero el paso anterior para elevarse precisamente hasta ella es la rigurosa disciplina de la devoción.

Sin ruido, inadvertido por el mundo exterior, se lleva a cabo la entrada del discípulo en el «sendero del conocimiento». Ningún cambio se observa en él; cumple sus deberes como antes y sigue ocupándose de sus quehaceres como siempre. La transformación tiene lugar solamente en los repliegues de su alma, a resguardo de toda mirada. Al principio, la disposición básica de devoción a todo lo verdaderamente venerable impregna su vida interior y de ella irradia. Esta disposición constituye el centro de toda su vida psíquica. Así como el sol vivifica con sus rayos todo lo viviente, de igual modo la veneración vivifica el alma del discípulo.

En el primer momento no es fácil creer que sentimientos tales como la veneración, el respeto, etc., tengan algo que ver con la cognición. Esto se debe al hecho de considerar la cognición como una facultad en sí, sin relación con los demás aspectos que integran la vida interior. Creyéndolo así no se tiene en cuenta que es el alma la que ejercita la facultad cognoscitiva, y que los sentimientos son, para ella, lo que los alimentos para el cuerpo. Éste cesaría en su actividad si le diéramos piedras en lugar de pan, y lo mismo ocurre con el alma. Las sustancias nutritivas que la hacen sana y vigorosa, vigorosa sobre todo para la actividad cognoscitiva, son la veneración, la estima, la devoción. El desdén, la antipatía, el menosprecio frente a lo digno de respeto dan por resultado la paralización y el marchitamiento de la actividad cognoscitiva. Para el investigador espiritual este hecho se hace visible en el aura humana. Un alma que asimila sentimientos de veneración y devoción provoca un cambio en su aura. Ciertos colores espirituales que pueden llamarse tonalidades de matiz rojo amarillento o rojo café, desaparecen y son reemplazados por otros rojo azulados. Así se acrecienta el poder cognoscitivo y éste se torna receptivo para hechos del medio circundante de los que antes no se tenía noción. La veneración despierta en el alma una fuerza simpática mediante la cual atraemos cualidades de los seres que nos rodean, cualidades que, de lo contrario, permanecerían ocultas.

Lo que puede alcanzarse por la devoción se torna todavía más efectivo si se enriquece con otro nuevo sentimiento: aprender a entregarse cada vez menos a las impresiones del mundo exterior y desarrollar, en cambio, una vida interior activa. Quien siempre ande a la caza de nuevas sensaciones, siempre en busca de «atractivos», no encontrará el camino de la ciencia oculta. El discípulo no deberá insensibilizarse a las impresiones del mundo exterior, sino hacerse receptivo a ellas, guiado por el caudal de su vida interior. Al atravesar, por ejemplo, una hermosa región montañosa, la persona dotada de una gran sensibilidad tiene una experiencia distinta de la que afecta a un hombre insensible. Solo nuestras experiencias internas nos develan las bellezas del mundo exterior. Una persona puede hacer un viaje por mar sin sentir apenas experiencias internas que se deslicen en su alma; en cambio, otra percibirá el lenguaje eterno del Espíritu cósmico y se descorrerá ante ella el velo que cubre los misterios de la creación. Es necesario mantener el contacto con nuestros propios sentimientos y representaciones para poder establecer auténticas relaciones con el mundo exterior. Éste rebosa de esplendor divino en todos sus fenómenos, pero es menester haber experimentado antes lo divino en la propia alma para descubrirlo en el mundo circundante.

El discípulo deberá reservar momentos de su vida para ensimismarse en la calma y la soledad. No se dedicará entonces a los asuntos de su propio yo, pues esto produciría efectos contraproducentes a los deseados. Dejará más bien que en estos momentos persistan las experiencias y mensajes del mundo exterior, y toda flor, todo animal, toda acción le revelarán, en el silencio, insospechados secretos. De esta manera se preparará para recibir, con ojos totalmente distintos, nuevas impresiones del mundo exterior. Quien solo desea gozar del desfile interrumpido de las sensaciones, embota su poder cognoscitivo; pero si después del goce permite que éste le revele algo, fomenta y educa su poder cognoscitivo. Por lo tanto, el discípulo, además de dejar que el goce reverbere, por decirlo así, en él, debe acostumbrarse a renunciar a nuevos placeres para dedicarse a elaborar, en actividad interior, lo gozado. Aquí deberá el discípulo superar un grave y peligroso escollo: el riesgo de que, en vez de trabajar realmente sobre sí mismo, caiga en la antítesis de querer, a la postre, apurar el goce. Conviene no desestimar las inmensas fuentes de error que se abren en ese caso, pues el camino del discípulo avanza por entre una hueste de tentadores de su alma, que tienden a endurecer su yo, aprisionarlo en sí mismo, en lugar de abrirlo al mundo. Tiene que buscar el goce, puesto que solo por su medio puede acercársele el mundo exterior, considerando que, si se insensibiliza para con el goce, viene a ser como una planta que se encontrará imposibilitada de extraer de la tierra los zumos nutritivos. Pero debe saber que, si se detiene en él, se encierra dentro de sí, en cuyo caso será algo para sí mismo y nada para el mundo. Por intensos que sean su vida interior y el cultivo de su yo, el mundo lo rechazará: estará muerto para él. El discípulo ha de considerar el goce solo como instrumento de su propio ennoblecimiento para bien del mundo. El goce es, para él, como un mensajero que lo informa respecto del mundo, de modo que después de haber recibido sus enseñanzas ha de seguir adelante, hacia el trabajo. No aprende para acumular conocimientos como si fueran su tesoro personal, sino para dedicar lo aprendido al servicio del mundo.

En toda ciencia oculta existe un principio que nadie debe transgredir si quiere alcanzar un objetivo cualquiera. Cualquiera disciplina oculta debe grabar en el discípulo este principio: todo conocimiento que busques meramente para enriquecer tu propio saber y para acumular tesoros personales te desviará del sendero; pero todo conocimiento que busques para madurar en la tarea del ennoblecimiento humano y de la evolución cósmica, te hará adelantar un paso más.

Esta ley requiere una observancia inexorable. Nadie puede considerarse discípulo antes de haber hecho de esta regla la pauta de su vida. Brevemente puede sintetizarse esta verdad de la disciplina espiritual como sigue: «Toda idea que, para ti, no se convierta en ideal, destruye una fuerza de tu alma; toda idea que se convierta en ideal, crea dentro de ti fuerzas vitales.»

Quietud interior

En el inicio de la enseñanza se conduce al discípulo hacia el sendero de la veneración y al desarrollo de la vida interior. La ciencia espiritual le ofrece, además, reglas prácticas cuya observancia le permite hollar ese sendero y desarrollar esa vida interior. De ninguna manera son arbitrarias estas reglas prácticas; se fundamentan en experiencias y en una sabiduría antiquísimas, y se imparten por igual doquiera se enseñen los caminos hacia el conocimiento superior. Todos los verdaderos instructores de la vida espiritual están de acuerdo sobre el contenido de estas reglas, aunque se sirvan a veces de términos diferentes. La disparidad, secundaria y más bien aparente, procede de hechos que no es menester discutir aquí.

Ningún instructor de la vida espiritual pretende, mediante tales reglas, ejercer dominio sobre otras personas ni menoscabar su independencia. En verdad nadie sabe estimar y salvaguardar la independencia humana como los investigadores de la ciencia espiritual. Ya hemos dicho en páginas precedentes que es espiritual el vínculo que une a todos los iniciados y que dos leyes naturales constituyen los broches que los mantienen unidos. Pero siempre que el iniciado deja su retiro espiritual para acercarse al mundo, recurre a una tercera ley, que reza como sigue:

«Ajusta cada uno de tus actos, cada una de tus palabras, de manera que no infrinjas el libre albedrío de persona alguna».

Quien reconozca que los verdaderos instructores de la vida espiritual respetan profundamente este principio se convencerá de que su independencia no sufre merma alguna al seguir las reglas prácticas que se le ofrecen.

Una de las reglas primeras es la que puede expresarse aproximadamente en los siguientes términos del lenguaje corriente:

«Procura reservarte momentos de quietud interior y aprende entonces a discernir lo esencial de lo secundario».

Recordamos que es así como puede expresarse esta regla práctica en lenguaje sencillo, pues originalmente todas las reglas y enseñanzas de la ciencia espiritual se transmitían por medio de un lenguaje simbólico, un lenguaje que es preciso comprender previamente para captar las reglas en todo su significado y alcance. Esta comprensión requiere, sin embargo, que se hayan dado los primeros pasos en la ciencia oculta, y que estos pasos se den mediante la estricta observancia de las reglas, tal como aquí se explican. El camino está despejado para todo aquel que posea una voluntad firme.

Sencilla es la regla que concierne a los momentos de quietud interior y sencilla es también su observancia. Mas, con ser sencilla, solo conduce a su objetivo si se cumple con seriedad y rigor. ¿Cómo hacerlo? Sin demora vamos a explicarlo.

El discípulo dedicará un breve tiempo a algo que no corresponda a su vida cotidiana, y ese algo al que se consagrará entonces será, pues, totalmente distinto de sus habituales ocupaciones. También el género de su actividad deberá ser completamente distinto de las tareas que llenan el resto de su jornada. Esto no implica que no haya relación entre lo que haga en esos momentos de aislamiento y sus labores ordinarias. Al contrario: el hombre que se dedica a buscarlos en forma apropiada, no tardará en descubrir que, gracias a ellos, adquiere la fuerza cabal para sus quehaceres corrientes. Tampoco hay que imaginar que la observancia de esta regla pueda mermar el tiempo necesario para los demás deberes. Si verdaderamente no se dispone de más tiempo, cinco minutos al día bastarían. Lo importante es cómo se emplean.

Durante ese intervalo, el discípulo dejará por completo de lado su vida habitual; su vida mental y emotiva habrá de tener otros matices. Como espectador observará sus placeres, dolores, preocupaciones, experiencias, acciones; todo esto desfilará ante su alma, y lo contemplará desde un punto de vista más elevado. Para familiarizarnos con esta actitud, pensemos cuán distintas a las propias se nos presentan en la vida corriente las experiencias y acciones de los demás. No podría ser de otro modo, pues nos hallamos entretejidos en todo lo que experimentamos o hacemos, en tanto que lo que ocurre a los demás lo observamos en calidad de meros espectadores. Lo que debe perseguirse en los momentos de recogimiento es afrontar y juzgar nuestras propias experiencias y acciones como si fuesen vividas o ejecutadas, no por nosotros, sino por otra persona. Tomemos, por ejemplo, el caso de alguien a quien aflige una gran desgracia. ¡Cuán distinta la considerará de otra igual que afligiera a su prójimo! Tal actitud no puede ser tildada de injusta, pues está condicionada por la propia naturaleza humana. Algo parecido a lo que ocurre en tales casos extraordinarios es aplicable también a los asuntos de la vida corriente. El discípulo deberá buscar el poder para enfrentarse consigo mismo, en ciertas ocasiones, como si fuera un extraño, observándose con la serenidad de un juez. Si lo logra, las vivencias personales se le aparecerán bajo una nueva luz. Mientras se halle mezclado con ellas, seguirá tan vinculado a lo secundario como a lo esencial; mas si llega a la quietud interior que hace posible una visión de conjunto, entonces lo secundario se separará de lo esencial.

La pesadumbre y la alegría, todo pensamiento y toda resolución, se nos presentarán distintas si nos observamos como espectadores. Es como si hubiéramos pasado un día por un lugar, mirando lo más pequeño a la misma distancia que lo más grande y al declinar la tarde ascendiéramos a una colina vecina para abarcar con una sola mirada todo el conjunto; entonces las proporciones recíprocas de todas las partes nos parecerían distintas de como las veíamos antes. No es posible ni necesario lograr este desprendimiento frente a las vicisitudes presentes, pero con las pasadas el discípulo sí debe esforzarse por lograrlo

El valor de esa introspección tranquila no depende tanto de qué es lo que uno perciba, cuanto de saber encontrar dentro de sí la fuerza que desarrolla tal quietud interior. Sucede que cada ser humano, al lado de lo que podríamos llamar el «hombre cotidiano», lleva en su interior un hombre superior que permanece oculto hasta que es despertado; y solamente cada uno, en lo personal, puede despertarlo dentro de sí. En tanto esto no se logre, persisten ocultas las facultades superiores latentes que conducen al conocimiento suprasensible.

Es, pues, fundamental la paz interior y mientras no se sientan sus efectos, hay que perseverar en la observación formal y estricta de la regla enunciada. Para toda persona que así proceda, llegará un día en que le circundará la luz espiritual y en que verá desplegarse un mundo completamente nuevo, con una mirada antes desconocida.

Ningún cambio debe ocurrir en la vida exterior del discípulo por el hecho de comenzar a observar esta regla. Seguirá cumpliendo sus deberes como antes, continuará sufriendo al principio las mismas tribulaciones y gozando de los mismos placeres. De ninguna manera se apartará del vivir cotidiano; por el contrario, durante el resto del día podrá dedicarse más intensamente a ese vivir, porque en sus instantes de recogimiento alcanza una vida más elevada.

Poco a poco será ésta la que comience a ejercer su influencia sobre la existencia ordinaria. El hombre entero se tornará más sosegado; adquirirá más acierto en todos sus actos y ya no se dejará turbar por cualquier incidente. Paulatinamente, el novicio llegará a tomar él mismo las riendas de su existencia en vez de abandonarse a las circunstancias y a las influencias exteriores. Pronto notará qué fuente de vigor representan para él esos instantes de aislamiento.

Comenzará a no enojarse por cosas que antes lo irritaban; dejará de inspirarle temor lo que antes se lo producía; adquirirá una concepción de la vida enteramente nueva. Antes se sentía tal vez temeroso al emprender tal o cual tarea y se decía: «Mis energías no bastarán para cumplir ese trabajo como yo quisiera hacerlo»; pero ahora ya no le sobrecogerá este pensamiento, sino otro muy distinto; ahora se dirá: «Reuniré todas mis fuerzas para dar cima a esta tarea lo mejor que me sea posible». Superará todo pensamiento que pudiera inspirarle timidez, porque sabe que este sentimiento podría estorbar el cumplimiento de su deber y que, en todo caso, no le ayudaría a desempeñar mejor sus quehaceres.

Así, en la concepción de la vida del discípulo, se van deslizando sucesivamente pensamientos fecundos y provechosos que sustituyen los que anteriormente le estorbaban y debilitaban. Así comienza a conducir su nave sobre los mares de la vida con rumbo seguro y firme, en vez de ser echada de un lado a otro como juguete de las olas. Esta calma y esta serenidad reaccionan sobre el ser entero y favorecen el crecimiento del hombre interior y, con él, el desarrollo de las facultades internas que lo conducen al conocimiento superior. Caminando en esta dirección, el discípulo llegará poco a poco al punto de poder determinar por sí mismo la acción que sobre él deben ejercer las impresiones externas. Por ejemplo, una vez que ya huella el sendero, si oye alguna palabra con la cual un tercero desea molestarle o irritarle —y que antes de iniciar su aprendizaje seguramente lo habría conseguido—, será ya capaz de arrancar a la palabra el aguijón hiriente o irritante antes que penetre en su interior. Tomemos otro ejemplo: un hombre se impacienta fácilmente cuando tiene que esperar; pero entra en el sendero, y en sus instantes de recogimiento se compenetra en tal forma del sentimiento de la inutilidad de la impaciencia excesiva, que en adelante este sentimiento se le hará presente y lo calmará antes de dejarse arrebatar por la impaciencia. La irritación que amenazaba apoderarse de él desaparece y el tiempo que hubiera malgastado dejando que la impaciencia embargase su mente podrá ser ocupado por cualquier observación útil que quepa hacer durante la espera.

Hay que darse cuenta del alcance de todo lo expuesto. Recordemos que, dentro del ser humano, el «hombre superior» se encuentra en constante evolución, pero que solo la calma y la serenidad descritas hacen posible un desenvolvimiento ordenado. Los vaivenes de la vida externa cohibirían por todos lados al ser interior, si el hombre, en vez de ser el dominador de la vida, se dejará dominar por ella. Sería como una planta que creciera entre las grietas de una roca: languidecería hasta que se le diera más espacio.

Para el ser interior no existe fuerza externa alguna que pueda darle este espacio; solo puede lograrlo por la quietud interior que él mismo proporcione a su alma. Las circunstancias exteriores solo pueden modificar su situación exterior; jamás despertar al «hombre espiritual» interno. Es en sí mismo donde el discípulo debe engendrar ese ser nuevo y superior. Este «hombre superior» se convierte entonces en el «soberano», que con mano segura dirige la conducta del hombre ordinario. En tanto que este gobierne y mande, el ser interno es su esclavo y, por tanto, no puede desplegar sus fuerzas. Mientras dependa de algo ajeno a mí el que me enoje o no, no soy dueño de mí mismo, o dicho mejor aún, no he encontrado todavía a mi «soberano».

Tengo que desarrollar la facultad de permitir que se acerquen a mí las impresiones del mundo exterior en la medida tan solo que yo mismo determine. Hasta entonces no me habré convertido en discípulo de la ciencia oculta. Únicamente en la medida en que trate de desarrollar diligentemente ese poder, el discípulo llegará a su meta. No importa el progreso que realice en un tiempo dado, sino tan solo su actitud de búsqueda.

Muchos han luchado durante años enteros sin notar progreso alguno apreciable; pero quienes no desesperaron, sino que permanecieron inquebrantables, súbitamente alcanzaron la «victoria interior».

Sin duda, en muchas situaciones de la vida es necesaria una gran energía para conseguir esos instantes de quietud interior, pero cuanto mayor sea el esfuerzo necesario, tanto mayor será el resultado obtenido. En el discipulado todo depende de la energía, de la veracidad interior y de la sinceridad absoluta con que nos enfrentamos con nosotros mismos y con todas nuestras actuaciones como si se tratará de extraños.

Pero este nacimiento del propio ser superior solamente representa un aspecto de la actividad interna del discípulo; hay que añadir algo más. Aunque el hombre consiga adoptar la actitud de espectador de sí mismo, seguirá siendo él el objeto de su contemplación y tomará en cuenta únicamente las experiencias y acciones en que se encuentre implicado por las condiciones particulares de su existencia; pero es preciso para el hombre trascender este nivel, debe elevarse hasta lo puramente humano, que nada tiene que ver con su posición particular; avanzar hasta la contemplación de aquello que le afectaría como hombre, aunque viviera en circunstancias y lugar completamente distintos. De esta manera surge en él algo que sobrepasa los límites de lo personal.

Llegado este momento dirige su mirada hacia mundos más elevados que aquellos con los que la vida cotidiana le pone en contacto. El hombre comienza así a sentir y a darse cuenta de que pertenece a tales mundos superiores, acerca de los cuales nada pueden enseñarle sus sentidos ni sus ocupaciones cotidianas.

Poco a poco va trasladando a su interior el centro de su ser, desde donde oirá las voces que le hablan en los momentos de quietud; donde se llevará a cabo la comunión con el mundo espiritual. Se ha apartado de la vida corriente; se han apagado los ruidos de esa vida; el silencio reina en torno suyo. Hace a un lado lo que se encuentra en su derredor e incluso todo lo que le recuerda tales impresiones del mundo exterior. La calma interior de la contemplación y la comunión con el mundo puramente espiritual llenan toda su alma. Esta contemplación silenciosa debe convertirse en una necesidad natural de la vida del discípulo, en este momento sumergido en un mundo de pensamientos. Tiene que desarrollar un sentimiento vivo para la silenciosa actividad del pensamiento; aprender a amar lo que en su ser vierte el Espíritu.

Pronto dejará de considerar este mundo mental como menos real que las cosas de la vida ordinaria que lo rodean. Comenzará a relacionarse con sus pensamientos como lo hace con objetos del espacio, hasta que llegue el momento en que empiece a sentir que lo que se revela en la actividad silenciosa de pensamiento es algo mucho más elevado, mucho más real que las cosas materiales, y encontrará que en este mundo del pensamiento hay algo que posee vida. Comprenderá que los pensamientos no son simples imágenes vanas, sino que a través de ellos le hablan seres ocultos, y una especie de nuevo lenguaje, surgiendo del silencio, empezará a serle perceptible. Antes percibía sonidos mediante su oído;

ahora éstos resuenan en su alma; un lenguaje, un verbo interior se le revela. Inefable es la felicidad que siente el discípulo cuando experimenta por vez primera este instante. Una luz que surge de dentro se derrama sobre todo su mundo exterior; comienza para él una segunda existencia, y lo inunda una corriente divina de un mundo de bienaventuranza divina. En la gnosis y en la ciencia oculta, esta vida del alma en el pensamiento, vida que se va desenvolviendo gradualmente hasta convertirse en una vida de esencia espiritual, recibe el nombre de «meditación». Esta meditación, o reflexión contemplativa, es el medio para la adquisición del conocimiento suprasensible. Mas en tales momentos, el discípulo no debe abandonarse al goce de sentimientos; no debe tener en su alma emociones vagas, que solo le servirían para impedir la adquisición del verdadero conocimiento espiritual. Sus pensamientos deben tomar perfiles claros, concisos, definidos. En este esfuerzo encontrará apoyo si, en vez de apegarse ciegamente a los pensamientos que le vienen a la mente, se satura con los pensamientos elevados que hombres avanzados y ya poseídos por el Espíritu han concebido en tales momentos. Debe tomar como punto de partida los escritos que tienen su origen en semejante revelación obtenida por la meditación, y que se encuentran en la literatura mística, gnóstica, o en la literatura de la ciencia espiritual contemporánea. En ellas se le ofrece material para su meditación. Los mismos investigadores del Espíritu han consignado en tales escrituras los pensamientos de la ciencia divina; el Espíritu los ha proclamado al mundo por medio de sus mensajeros. Mediante estas meditaciones se produce una transformación completa del discípulo. Comienza a formarse conceptos completamente nuevos acerca de la realidad. Todas las cosas adquieren para él un valor nuevo. Nunca se insiste suficientemente en que esta transformación no convertirá al discípulo en un extraño a la vida; en ningún caso lo alejará de sus deberes cotidianos. El discípulo comprenderá que la acción más trivial que tenga que llevar a cabo, la experiencia más insignificante que le acontezca, están ligadas con los grandes seres y los acontecimientos cósmicos. Una vez que esta conexión se le ha revelado claramente en sus momentos de contemplación, el discípulo se entrega a sus ocupaciones diarias con nueva y mayor energía, porque ahora se da cuenta de que sus labores han sido realizadas y sus sufrimientos padecidos en aras de una gran totalidad cósmico-espiritual.

Fuerza para la vida, y no lasitud, es lo que nace de la meditación. El discípulo atraviesa la existencia con paso seguro. Se mantiene erguido sea cual fuere lo que ella le aporte. Antes ignoraba por qué trabajaba o sufría; ahora lo sabe.

Es obvio que esta actividad meditativa conduce más seguramente a la meta si se practica bajo la guía de personas experimentadas, que conozcan por ellas mismas la mejor forma de obrar. Búsquese, pues, el consejo y las instrucciones de tales guías, pues con ello realmente no se pierde la libertad.

Lo que de otra manera no sería más que andar a tientas, se convierte bajo tal dirección en un trabajo preciso. Quienquiera que acuda a quienes tengan conocimiento y experiencia en estas materias no llamará nunca en vano a su puerta. Debe tenerse presente que se busca solo el consejo de un amigo y no el despotismo de una persona que aspire a dominar. Siempre se comprobará que los que verdaderamente saben son los más modestos, y que nada hay más ajeno a su naturaleza que la llamada ambición de poder.

Cuando por medio de la meditación el hombre se eleva a lo que le une al Espíritu, comienza a vivificar aquello que es eterno en él y que no está limitado por el nacimiento y la muerte. Solo pueden dudar de tal ser eterno quienes no lo han experimentado.

La meditación es, pues, el camino que conduce al hombre al conocimiento, a la contemplación de su entelequia eterna e indestructible; y solo mediante la meditación puede llegar a tal conocimiento.

El gnosticismo y la ciencia espiritual hablan de la eternidad de esa entelequia y de su reencarnación. Muchas veces se pregunta por qué el hombre no sabe nada de sus experiencias más allá del nacimiento y de la muerte. Pero no es así como debiera formularse la pregunta, sino ¿cómo se puede adquirir tal conocimiento? En la meditación adecuada se ofrece el camino. Mediante ella se revive la memoria de experiencias que trascienden los límites del nacimiento y de la muerte. Cada uno puede adquirir ese saber; cada uno posee latente, en su interior, la facultad de conocer y de contemplar por sí mismo lo que enseñan el misticismo genuino, la ciencia espiritual, la antroposofía y el gnosticismo. Solo hay que elegir los medios adecuados.

Un ser dotado de ojos y de oídos puede percibir los colores y los sonidos, pero incluso el ojo no podría percibir nada si faltará la luz que hace visibles los objetos. La ciencia oculta suministra los medios para desarrollar los ojos y oídos espirituales y para encender la luz espiritual.

Los medios de la disciplina espiritual se pueden designar como de tres grados:

1. La *probación*, que desarrolla los sentidos espirituales.
2. La *iluminación*, que enciende la luz espiritual.
3. La *iniciación*, que establece el trato con las entidades espirituales superiores.

Los grados de iniciación

La información que sigue forma parte de una disciplina espiritual cuyo nombre y naturaleza conocerá claramente todo aquel que la aplique con acierto. Se refiere a los tres grados que conducen hasta cierto nivel de iniciación a través del entrenamiento de la vida espiritual. Mas aquí solo se explicará lo que sea posible decir en público, meras indicaciones introductorias a una doctrina más íntima y profunda. En la disciplina oculta propiamente dicha se sigue un curso bien definido; ciertos ejercicios tienen por objeto conducir al alma humana a una relación consciente con el mundo espiritual. Entre esos ejercicios y las páginas que siguen hay aproximadamente la misma relación que existe entre la enseñanza impartida por una escuela superior estrictamente disciplinada y la instrucción incidental de una escuela preparatoria.

Con todo, la observancia seria y perseverante de lo que aquí se indica puede conducir a la verdadera disciplina espiritual; con la advertencia de que los ensayos atolondrados, realizados sin seriedad ni perseverancia, no producirán resultado alguno. El éxito del estudio oculto depende de que, en primer lugar, se observe lo que ya se ha expuesto en páginas anteriores y que luego se proceda sobre esta base.

Las tres etapas que la mencionada tradición específica son las siguientes: probación, iluminación e iniciación.

No es del todo necesario que estas tres etapas sean sucesivas, es decir, que se haya completado la primera antes de pasar a la segunda o ésta antes de entrar en la tercera. En ciertos aspectos es posible participar de la iluminación, y aun de la iniciación, en tanto que los otros están todavía en preparación o probación. Sin embargo, será necesario haber pasado cierto tiempo en la etapa probatoria antes de que pueda lograrse cualquier iluminación; y ésta, a su vez, debe alcanzarse por lo menos parcialmente antes de entrar en la etapa iniciática. Para mayor claridad, sin embargo, se describirán estas tres etapas, una tras otra.

La probación

La probación consiste en un cultivo bien definido de la vida afectiva y mental, mediante el cual los cuerpos anímico y espiritual quedarán dotados de sentidos y órganos superiores de actividad, de la misma manera que las fuerzas de la naturaleza proveen al cuerpo físico de órganos plasmados de la informe materia viva.

Para empezar hay que dirigir la atención del alma sobre ciertos procesos del mundo que nos circunda. Tales procesos son, por una parte, los de la vida que germina, crece y florece, y por la otra, los fenómenos relacionados con el marchitamiento, la decadencia y la muerte. Por todas partes estos procesos se presentan simultáneamente a la mirada del hombre y evocan naturalmente en él en toda ocasión sentimientos y pensamientos. Sin embargo, en circunstancias ordinarias, él no se entrega lo suficiente a esos sentimientos y pensamientos, pasa con demasiada rapidez de una impresión a otra, en lugar de fijar su atención, intensa y conscientemente sobre tales fenómenos.

Dondequiera que el discípulo encuentre una forma bien determinada del crecer y florecer, apartará de su alma toda otra imagen y se abandonará, durante corto tiempo, exclusivamente a esta sola impresión. Pronto comprobará que un sentimiento que antes se deslizaba rápidamente a través de su alma, ahora se expande, asumiendo una forma potente y vigorosa. Dejará que esa nueva forma de sentimiento reverbere con sosiego en él, aquietando por completo su vida interior. Se abstraerá del mundo exterior para vibrar únicamente con lo que su alma exprese ante los fenómenos de este crecer y florecer.

No deben esperarse resaltados favorables si los sentidos se hallan torpes con respecto al mundo. Primero, contémplense los objetos con tanta intensidad y nitidez como sea posible; luego, déjese que el sentimiento que surge en el alma, el pensamiento que brota del interior, se apodere del discípulo. Lo que importa es saber dirigir la atención hacia ambos fenómenos con perfecto equilibrio interior. Si se logra la calma necesaria y uno se abandona a lo que emerge del alma, al cabo de cierto tiempo se tendrá la experiencia de observar cómo brota del alma un nuevo género de sentimientos y pensamientos antes desconocidos.

Cuanto más a menudo se preste atención sobre algo en proceso de crecimiento, de floración y de expansión y, alternativamente, sobre algo que se marchita y muere, tanto más vívidos se tornarán estos sentimientos. Y, del mismo modo que se forman los ojos y los oídos del cuerpo físico de la materia viva bajo la acción de las fuerzas naturales, así van formándose los órganos de la clarividencia a partir de los sentimientos y pensamientos así engendrados. Los procesos del crecimiento y de expansión dan lugar a un tipo de sentimiento bien determinado, mientras que otro tipo, no menos preciso, surge en presencia del marchitamiento y de la desintegración; pero esto solo ocurre si el cultivo de esos sentimientos se lleva a cabo con arreglo a las instrucciones que preceden. Es posible describir, de un modo aproximado, la naturaleza de esos sentimientos, y su concepción plena está al alcance de todo aquel que personalmente viva estas experiencias interiores. Aquel que frecuentemente haya dirigido su atención hacia los fenómenos del crecimiento, de la floración y del devenir recibirá una sensación remotamente semejante a la que produce la salida del sol, en tanto que los fenómenos de decadencia y marchitez darán origen a una sensación igualmente comparable al lento ascenso de la luna sobre el horizonte. Estos dos sentimientos son dos fuerzas que, debidamente cultivadas e intensificadas, conducen a los más significativos efectos espirituales, además de abrir un mundo nuevo al estudiante que de manera metódica y deliberada se abandona a ellas: el mundo anímico, el llamado plano astral, que comienza a alborear ante él.

El crecimiento y la descomposición dejan de ser fenómenos que produzcan las indefinidas impresiones de antaño; se torna en líneas y figuras espirituales cuya existencia antes no había sospechado y cuya forma diferenciada depende de los diferentes fenómenos. Una flor que se abre, un animal que muere o un árbol que se seca evocan en su alma líneas bien determinadas. El mundo anímico, o plano astral, se desenvuelve lentamente ante el discípulo. No existe arbitrariedad en sus líneas y figuras. Dos discípulos que hayan llegado al correspondiente grado de desarrollo espiritual observarán siempre las mismas líneas y figuras en relación con el mismo fenómeno. Así, dos personas de vista normal ven redonda una mesa redonda, y no sucede que una de ellas la vea redonda y la otra, cuadrada, del mismo modo se presenta ante dos almas la misma figura espiritual al contemplar una flor abierta. Igual que la historia natural describe las formas de las plantas y de los animales, así también el conocedor de la ciencia oculta describe o dibuja las formas espirituales de los procesos de crecimiento y de desintegración, clasificándolas por géneros y especies.

Cuando el discípulo esté ya bastante avanzado para ver las formas espirituales de los fenómenos perceptibles a su ojo físico, no estará muy lejos del momento en que pueda observar lo que carece de existencia física y que, por tanto, permanece totalmente oculto para aquel que no ha sido instruida en la ciencia espiritual. Sin embargo, es necesario insistir en que el investigador espiritual no debe perderse en reflexiones acerca de lo que significa una cosa u otra, pues éste es un aspecto intelectual que lo desvía del recto camino. El discípulo debe contemplar el mundo exterior con sentidos despiertos y sanos y con perspicacia, y entregarse después al sentimiento que en él se suscita. No debe tratar de deducir, por medio de especulaciones intelectuales, el significado de las cosas: ellas mismas deben descubrírselo.

Otro punto importante es lo que la ciencia oculta llama la orientación en los mundos superiores. Se llega a ella compenetrándose de la convicción de que los sentimientos y los pensamientos son realidades, tal como lo son las sillas y las mesas del mundo físico sensible. En el mundo anímico y en el mundo mental, los pensamientos y los sentimientos actúan recíprocamente los unos sobre los otros, tal como lo hacen las cosas sensibles del mundo físico. Mientras el discípulo no se haya compenetrado intensamente de esta verdad, no creerá que un pensamiento erróneo de su mente pueda ejercer, sobre otros que existan en el mundo mental, una influencia tan nefasta como la que ejerce una bala disparada a ciegas sobre los objetos físicos contra los que impacta. Quizá no se permitiría jamás realizar un acto externo que considerará contrario a la razón, pero no rehuiría el fomentar pensamientos y sentimientos impropios, estimándolos inofensivos para el resto del mundo.

Sin embargo, solo se puede avanzar en la ciencia oculta si se vigilan los pensamientos y sentimientos con el mismo cuidado con que observamos nuestros pasos en el mundo físico. Si uno se encuentra frente a un muro, no intentará pasar a través de él, sino que dará la vuelta: se adaptará a las leyes que rigen el mundo material. Leyes semejantes existen en los niveles afectivo y mental; si bien no pueden imponerse al hombre desde el exterior, deben emerger de la vida misma de su alma. Esto se alcanza absteniéndose en todo tiempo de pensamientos y sentimientos impropios. Es necesario suprimir durante este periodo toda divagación arbitraria y veleidosa, toda fantasía indisciplinada y todo flujo y reflujo accidental de emociones. Esto no embota la sensibilidad; antes al contrario, pronto puede comprobarse que, al regular el curso de la vida interior, la sensibilidad y la verdadera fantasía creadora comienzan a enriquecerse. En vez de un sentimentalismo banal y de concatenaciones caprichosas de ideas, surgirán sentimientos significativos y pensamientos fecundos, sentimientos y pensamientos que permitirán al discípulo orientarse en el mundo espiritual, y lograr una posición correcta respecto a la realidad de ese mundo.

Resulta así para el discípulo una consecuencia bien definida: del mismo modo que el hombre físico encuentra su camino entre las cosas terrenas, asimismo su disciplina lo conduce ahora a través de los procesos de crecimiento y marchitez, procesos que él ya ha llegado a conocer en la forma antes descrita. Observará, por una parte, todo lo que crece y se desarrolla y, por la otra, todo lo que se marchita y perece, tal como corresponde para su propio progreso y el progreso del universo.

El discípulo tiene que practicar, además, cierta disciplina en relación con el mundo del sonido. Conviene distinguir entre el sonido causado por lo que llamamos mundo inanimado, por ejemplo un cuerpo que cae, una campana o un instrumento musical, y el sonido emitido por los seres vivos, animales u hombres. Al oír una campana se percibe un sonido, asociándolo a una sensación agradable o desagradable; al oír el grito de un animal se percibirá en él, además de la impresión sensoria, la manifestación de una experiencia interna del animal, ya sea de placer o de dolor. Este último es el género de sonidos de que debe ocuparse el discípulo en un principio.

Aplicará toda su atención al hecho de que recibe, mediante el sonido, una información de algo que se encuentra fuera de su propia alma; se sumergirá en ese algo extraño; unirá estrechamente su propio sentimiento al dolor o al placer que ese sonido le revele y se sobrepondrá a lo que signifique para él, agradable o desagradable, simpático o antipático, para dejar que su alma se sature de lo que ocurre en el ser del cual procede el sonido.

A través de estos ejercicios realizados metódica y deliberadamente, se asimilará la facultad de vibrar al unísono, por decirlo así, con el ser del que emana el sonido. Para una persona dotada de sentido musical, semejante cultivo de su vida emotiva será más fácil que para otra que carezca de este don; pero no hay que creer que el mero sentido musical pueda sustituir la actividad interna. El discípulo debe aprender a sentir de esta manera con respecto a toda la naturaleza para que en su vida mental y afectiva se geste una nueva facultad; para que la naturaleza entera, con sus resonancias, comience a susurrarle sus misterios. Lo que antes era ruido para su alma incoherente ha de convertirse para él en lenguaje inteligible de la naturaleza; allí donde antes solo había percibido un sonido de la llamada naturaleza inanimada, ahora se le revelará un nuevo lenguaje del alma. Progresando en este cultivo de sus sentimientos, pronto comprobará que puede percibir sonidos cuya existencia antes ni sospechaba: comenzará a oír con el alma.

Pero para poder llegar a la cima de lo accesible en esa región necesita añadir algo más a lo que precede. De gran importancia para el desarrollo del discípulo es la manera como escucha las palabras de los demás. Debe acostumbrarse a hacerlo de tal modo que su propio ser interior permanezca en silencio absoluto Si alguien emite una opinión y otro la escucha, surge generalmente en este último un sentimiento de aprobación o desaprobación, y no faltará quienes se crean en el deber de manifestar en el acto su aquiescencia, o más habitualmente su disentimiento. El discípulo debe acallar todo impulso interior de aprobación o de contradicción. No se trata de cambiar repentina e íntegramente de conducta, ni de esforzarse por el continuo logro de este completo silencio interior. Conviene comenzar con ciertos casos particulares elegidos a propósito. Entonces, poco a poco, esta nueva manera de escuchar se irá deslizando en nuestros hábitos y de manera natural llegará a formar parte de ellos.

En la búsqueda espiritual esto se lleva a cabo de manera sistemática: el discípulo está obligado, como práctica y por un tiempo determinado, a atender los pensamientos más contradictorios, y a callar totalmente todo impulso de aprobación y, sobre todo, toda crítica desfavorable. La médula del asunto estriba en que no solo se evite todo juicio intelectual, sino también todo sentimiento de desagrado, de disentimiento e incluso de aprobación. En particular, el discípulo debe observarse muy atentamente para darse cuenta de si tales sentimientos, quizá desaparecidos de la superficie, persisten todavía en lo más recóndito de su alma. Por ejemplo, debe escuchar las afirmaciones de personas que en algún sentido le sean notoriamente inferiores, y evitar sentir, al hacerlo, todo sentimiento de superioridad. Para todos es útil escuchar de esta manera a los niños: hasta el más sabio puede aprender incalculablemente de ellos. De igual modo el estudiante aprende a escuchar las palabras de otro con perfecto desprendimiento, con total abstracción de su propia persona, de sus opiniones y de su manera de sentir. Si se ejercita así a escuchar sin actitud de crítica, incluso en los casos en que se expresen las opiniones más contrarias a las suyas, o cuando se cometan ante él los disparates más grandes, aprenderá poco a poco a fundirse con la individualidad de otro hombre y a identificarse con ella. A través de las palabras, escuchándolas, podrá penetrar en el alma del que habla. Gracias a ejercicios prolongados de esta índole, el sonido se convierte en el medio apropiado para percibir el alma y el espíritu. Es cierto que para ello se requiere una autodisciplina muy rigurosa, pero que conduce a una meta sublime.

Cuando estos ejercicios se practican junto con los anteriormente descritos, relativos a los sonidos en la naturaleza, el alma desarrolla un nuevo sentido auditivo y es capaz de percibir manifestaciones del mundo espiritual que no hallan expresión mediante sonidos perceptibles por el oído físico. La percepción del «verbo interior» despierta, y paulatinamente se le revelan al discípulo verdades del mundo espiritual: se encuentra en condiciones de escuchar un lenguaje expresado en forma espiritual. Todas las verdades superiores se alcanzan través del influjo del verbo interior, y cuanto es capaz de transmitir un verdadero investigador espiritual lo ha recibido de este modo. Esto no quiere decir que sea inútil dedicarse a la lectura de los textos de ciencia oculta antes de que uno mismo pueda percibir ese influjo interno. Al contrario, la lectura de esos escritos y el recibir las enseñanzas de los investigadores espirituales son, por sí mismos, medios para llegar al conocimiento personal. Cada frase que escuchamos de la ciencia oculta es apropiada para dirigir nuestra mente hacia el punto que debe alcanzar, si el alma tiene que experimentar un positivo progreso.

A todo cuanto acabamos de indicar hay que añadir el estudio asiduo de lo que transmiten los investigadores espirituales. En toda disciplina oculta, este estudio forma parte de la probación, y ningún otro procedimiento será efectivo si no existe la debida receptividad para las enseñanzas del investigador espiritual, pues éstas, procedentes del verbo interior y de su viviente influjo, están dotadas de vida espiritual, es decir, no son meras palabras, sino poderes vivos. Cuando seguimos las palabras de un iniciado, cuando leemos un libro que surge de verdaderas experiencias internas, actúan en nuestra alma energías que la tornan clarividente, tal como las fuerzas de la naturaleza crearon nuestros ojos y nuestros oídos de la sustancia vital.

La iluminación

La iluminación parte de procesos muy sencillos. Aquí también se trata de desarrollar ciertos sentimientos y pensamientos que se hallan latentes en todo ser humano y que deben despertar. Únicamente cuando estos sencillos procesos se llevan a cabo con firme paciencia y perseverancia infinita se llega a la percepción de las «formas luminosas internas».

El primer paso consiste en observar, de manera especial, diversos seres naturales: por ejemplo, una piedra transparente de hermosas facetas —un cristal—, una planta y un animal. Concéntrese primeramente toda la atención en comparar la piedra con el animal, de tal modo que los pensamientos lleguen al alma, acompañados de intensos sentimientos, sin permitir que otro pensamiento ni sentimiento se introduzca ni perturbe lo que ha de ser observación intensa concentrada.

El discípulo se dirá: «La piedra tiene forma; también el animal; la piedra permanece inmóvil en su lugar; no así el animal, que cambia de lugar. Es el instinto, el deseo, lo que origina la movilidad del animal; instinto a cuyo servicio se halla también su forma: los órganos y los miembros del animal están modelados de acuerdo con los instintos; no así la forma de la piedra, estructurada por una energía carente de deseo».

Al sumergirse uno intensamente en estos pensamientos, observando la piedra y el animal con atención sostenida, brotan en el alma dos géneros de sentimientos muy distintos: el uno emanado de la piedra, el otro, del animal. Es improbable que se tenga éxito al empezar, pero, poco a poco, con pacientes ejercicios, surgirán estos sentimientos. Lo indispensable es perseverar en la práctica. Cuando surjan dichos sentimientos, al principio existirán solo mientras dure la observación, después persistirán, hasta que por fin se transformen en algo que perdure en el alma. Una vez alcanzado este momento, bastará con que el discípulo se ensimisme para que ambos sentimientos aparezcan, incluso sin observación de objeto externo alguno.

De estos sentimientos y de los pensamientos que los acompañan se forman los órganos de la clarividencia. Si la observación de la planta sigue a las anteriores, se notará que el sentimiento que ella provoca ocupa el punto medio entre los que se derivan de la piedra y del animal, tanto por su carácter como por su grado de intensidad. Los órganos que en este caso se forman son los ojos espirituales, con los que de modo paulatino se aprende a ver algo así como colores psíquicos y espirituales.

Pero el mundo espiritual, con sus líneas y sus figuras, permanecerá oscuro en tanto que el estudiante no haya asimilado más que lo que se ha descrito como «probación»; con la ayuda de la iluminación ese mundo se aclara. Es necesario insistir una vez más que la palabra «oscura» y «clara», así como las demás expresiones empleadas, solo indican aproximadamente lo que pretendemos comunicar. No puede ser de otra manera, pues debemos recurrir al lenguaje corriente y éste solamente es adecuado para el mundo físico. Ahora bien, la ciencia oculta denomina «azul», o «azul-rojizo», lo que para los órganos de la clarividencia emana de la piedra, y «rojo», o «rojo-amarillento», lo que se percibe como procedente del animal; en realidad, lo que se ve son colores de orden espiritual. El color que emana de la planta es «verde», y tiende paulatinamente hacia un rosado claro etéreo. La planta es el ente de la naturaleza cuya constitución en los mundos superiores hace recordar, en cierto modo, la que tiene en el mundo físico. No sucede lo mismo con la piedra y el animal.

Hay que tener presente que los colores arriba mencionados representan solamente la tonalidad principal de los reinos mineral, vegetal y animal, pues en realidad existen todos los matices intermedios. Toda piedra, toda planta, todo animal, posee el suyo particular. Además, existen los seres de los mundos superiores, que nunca encarnan físicamente y que despliegan colores ora admirables, ora horribles. La variedad de colores en esos mundos superiores es infinitamente mayor que en el mundo físico.

Una vez alcanzada la facultad de ver con los «ojos espirituales», el hombre tarde o temprano encuentra a tales seres, superiores o inferiores a él, seres que jamás entran en la realidad física. Al llegar a este punto, muchos son los caminos que se abren ante el ser humano, pero no es aconsejable ir más lejos sin observar cuidadosamente lo que el investigador espiritual haya dicho o impartido. Lo mejor es seguir siempre las indicaciones de tal dirección experimentada. Por otra parte, si un hombre posee en sí mismo la fuerza y la perseverancia para adquirir los grados rudimentarios de la iluminación, seguramente buscará y encontrará la guía acertada. En todo caso se requiere precaución. Sin ella lo más sensato es renunciar a todo discipulado oculto: el discípulo no ha de perder ninguna de sus cualidades de hombre noble y bueno ni su receptividad para toda realidad física; por el contrario, durante su discipulado debe aumentar continuamente su fuerza moral, su pureza interior y su poder de observación. Por ejemplo, durante los ejercicios iniciales de la iluminación, ha de procurar que crezca constantemente la simpatía hacia todo hombre y todo animal, así como la sensibilidad a las bellezas de la naturaleza. En caso de descuidarlo, se embotarían sus sentimientos y su sensibilidad por tales ejercicios; su corazón se endurecería, su mente se tornaría indolente, y todo ello lo conduciría a peligrosos resultados.

El cómo se lleva a cabo la iluminación ascendiendo el discípulo, gracias a los ejercicios antes descritos, desde la piedra, la planta y el animal hasta el hombre; y el cómo, tras esa iluminación, se presenta finalmente la unión del alma con el mundo espiritual, lo que conduce a la iniciación, es el tema que se tratará en los capítulos siguientes, hasta donde nos sea posible.

En nuestra época son muchas las personas que buscan el camino hacia la ciencia oculta, pero esta búsqueda a veces se realiza por medios peligrosos y hasta reprobables. Por este motivo, quienes conozcan algún aspecto de la verdad sobre esta disciplina oculta deben proporcionar a los demás la posibilidad de aprender algo de ella. En lo que nos corresponde, vamos a facilitar en esta obra esa posibilidad, a fin de evitar que el error llegue a causar graves daños. Por el método que aquí se señala, nadie puede correr peligro si no trata de forzar las circunstancias. Lo siguiente ha de tenerse presente: ninguna persona debe consagrar a los ejercicios más tiempo y energías que los que su situación y deberes le permitan. No ha de pretender cambiar nada de las condiciones externas de su vida para seguir el sendero oculto. Si se desean resultados serios, hay que tener paciencia; saber interrumpir la meditación después de algunos minutos, continuar tranquilamente el trabajo acostumbrado, de modo que ningún recuerdo de los ejercicios se mezcle con las actividades cotidianas.

Quien no ha aprendido a esperar, en el mejor y más alto sentido de la palabra, no sirve para discípulo y jamás alcanzará resultados de un valor real.

Dominio del pensamiento y del sentimiento

Cuando el discípulo busca el camino de la ciencia oculta por los métodos descritos en el capítulo anterior, debe fortificarse con un pensamiento persistente en el curso de su labor: repetirse constantemente que quizá ha realizado progresos bastante notables después de algún tiempo, aunque este progreso no se le presente de la forma evidente que él posiblemente esperaba. Quien no albergue esta actitud interior puede desanimarse y abandonar todo esfuerzo al cabo de poco tiempo. Las energías y facultades que hay que desarrollar son, al principio, de índole sumamente delicada, y difieren completamente en su naturaleza de la idea previamente formada por el estudiante, solo acostumbrado a ocuparse del mundo físico. Ocultos a sus sentidos y pensamientos el mundo espiritual y el anímico, no es de extrañar que no le sea posible darse cuenta inmediatamente de los poderes espirituales y psíquicos que en él se desenvuelven. En esto radica una posible fuente de duda para todo aquel que huelle el sendero sin acogerse a la experiencia de los investigadores competentes.

El investigador espiritual se dará cuenta del progreso del discípulo mucho antes de que éste tenga conciencia de ese progreso; sabe cómo se van formando los delicados ojos espirituales antes que su discípulo sea consciente de ello y gran parte de sus instrucciones tienden precisamente a evitar que el discípulo, por no haber llegado al conocimiento propio de sus progresos, pierda la confianza, la paciencia y la perseverancia. El instructor espiritual no puede dar a su discípulo nada que éste no posea ya en estado latente, y su misión ha de limitarse a ayudarle en el despertar de sus facultades adormecidas. Ello no obstante, lo que transmite de sus propias experiencias es sostén para el discípulo que quiere abrirse paso de la oscuridad a la luz.

Muchos abandonan el sendero de la ciencia espiritual poco después de haber entrado en él, porque no notan inmediatamente sus progresos. Incluso cuando se presentan las primeras experiencias superiores, el discípulo a menudo las considera ilusorias, pues había formado ideas muy distintas de lo que pensaba que iba a experimentar, y se desanima, ya sea porque considera fútiles estas primeras experiencias, ya sea porque le parezcan de poca categoría para conducirle en tiempo no lejano a un resultado apreciable. El ánimo y la confianza en sí mismo son las dos antorchas que nunca deben apagarse en el sendero hacia la ciencia espiritual. Además, no irá muy lejos quien no sea capaz de repetir con toda paciencia, sin cansarse, un ejercicio en el que aparentemente haya fracasado un sinnúmero de veces.

Mucho antes de tener la percepción clara del avance logrado, surge de las profundidades del alma un sentimiento indefinido de que nos encontramos en el buen camino. Conviene cultivar y vigorizar este sentimiento, ya que puede convertirse en un seguro guía. Ante todo es necesario eliminar la idea de que para llegar al conocimiento superior se requieren prácticas extrañas y misteriosas: hemos de partir de los sentimientos y pensamientos que integran la vida cotidiana y darles otro rumbo; eso es todo.

Que cada uno empiece por decirse: «En mi propio mundo mental y afectivo yacen ocultos los misterios más sublimes, inadvertidos hasta ahora». Lo que quiere decir, en último análisis, que si bien el hombre es una integración de cuerpo, alma y espíritu, solo es propiamente consciente de su cuerpo, más no de su alma ni de su espíritu. El discípulo adquirirá conciencia del alma y del espíritu en igual medida que el hombre común tiene conciencia de su cuerpo. De ahí que sea importante dar la correcta orientación a los sentimientos y los pensamientos, con lo cual se desarrolla la facultad de percibir lo que es invisible en la vida corriente. En lo que sigue se va a mostrar uno de los medios para lograrlo. En verdad se trata de algo muy sencillo, como casi todo lo que se ha descrito hasta aquí, pero de las mayores consecuencias si hay perseverancia y si el estudiante posee la disposición de ánimo que se necesita.

El estudiante observará la semilla de una planta y tratará de suscitar intensamente ante este insignificante objeto los pensamientos apropiados, así como desarrollar, por su medio, ciertos sentimientos. Debe primero captar con claridad lo que en realidad ve con sus ojos, describiéndose a sí mismo la forma, el color y todos los demás atributos de esa simiente. Luego debe hacer la siguiente reflexión: «De esta semilla, si se siembra, nacerá una planta de compleja estructura». A continuación ha de representarse mentalmente esta planta, creándola con la imaginación y luego reflexionar en el siguiente sentido: «Lo que ahora estoy concibiendo con mi mente, las energías de la tierra y de la luz lo harán realmente surgir después de esta semilla. Si tuviera ante mí un objeto artificial que imitará tan perfectamente esta semilla de modo que mis ojos no pudieran distinguirla de una verdadera, ningún poder terrestre o lumínico sería capaz de producir una planta con ella».

Quien conciba esta idea con nitidez, derivando de ella una experiencia interior, podrá formar también el siguiente pensamiento, acompañándolo del sentimiento adecuado. Se dirá: «Lo que surgirá más adelante de la semilla, existe ya en ella, en estado latente, como potencialidad de la planta entera. Esa potencialidad no mora en la imitación artificial; sin embargo, para mi vista una y otra son idénticas. Existe, por tanto, en la semilla verdadera, algo invisible no contenido en la imitación».

Es en ese algo invisible donde hay que concentrar el pensamiento y el sentimiento. Imagine el estudiante que ese algo invisible se transformara, más adelante, en planta visible, cuya forma y color podrá contemplar, y concéntrese en la idea: «Lo invisible se hará visible; si yo no fuera capaz de pensar, no podría sentir ahora presente lo que solo será visible más tarde».

Debe darse particular énfasis al siguiente punto: lo que se piensa debe también sentirse intensamente. Con toda calma, el anterior pensamiento debe convertirse en experiencia consciente del alma, con exclusión de todo otro pensamiento o perturbación, siendo necesario reservarse el tiempo suficiente para que el pensamiento y el sentimiento que con él se relaciona se «incrusten», por decirlo así, en el alma.

Si esto se logra correctamente, entonces, al cabo de cierto tiempo, posiblemente después de muchos ensayos, se sentirá surgir una fuerza interior capaz de crear una nueva facultad de percepción. La semilla parecerá como envuelta en una nubecilla luminosa percibida de manera sensible-suprasensible, como una especie de llama cuyo centro evoca la misma sensación que se experimenta bajo la impresión del color lila, y el borde evoca la misma sensación que produce un color azulado.

Así se torna visible lo que antes era invisible, creado por los pensamientos y los sentimientos que el discípulo ha despertado dentro de sí. Considerando que la planta no será visible sino más tarde, lo invisible a los sentidos se revela en esos instantes en forma espiritualmente visible. No es de extrañar que muchos consideren todo esto como una ilusión y se pregunten: «¿De qué me sirven tales alucinaciones, tales quimeras?»

Y no pocos desistirán de su primer empeño y abandonarán el sendero. Pero lo importante aquí es precisamente no confundir la fantasía con la realidad espiritual en esta fase difícil de la evolución humana; más aun, sentirse animado para continuar adelante sin temor ni pusilanimidad.

Por otra parte, hemos de insistir en el constante cultivo del sentido común que sabe distinguir entre lo real y lo ilusorio.

Durante todos estos ejercicios el discípulo no debe perder jamás el completo y consciente dominio de sí mismo; así como pensar con la misma claridad y acierto con que enfoca los detalles y acontecimientos de la vida cotidiana. Sería fatal entregarse a quimeras, perder el claro juicio, o la cordura. Sería gravísimo error el que, debido a estos ejercicios, el hombre perdiera su equilibrio mental y se viera impedido de juzgar las cosas de la vida cotidiana tan sana y acertadamente como antes. Por lo tanto, el discípulo debe examinarse continuamente para cerciorarse de que no sufre alteración alguna, de que sigue siendo el mismo hombre en medio de las circunstancias de la vida. Un apoyo firme en sí mismo y un sentido claro para todo; eso es lo que es preciso conservar. Ante todo hay que tener sumo cuidado de no abandonarse a vagas ensoñaciones ni entregarse a la práctica de cualquier ejercicio que se le sugiera.

El cauce mental aquí enunciado ha sido probado y practicado desde la más remota antigüedad en las escuelas esotéricas; y solo esta orientación es la que se transmite en estas páginas. Quien quisiera poner en práctica otra por él mismo concebida o sobre la que hubiese oído o leído aquí o allá, caería en el error y pronto se encontraría de camino hacia las más absurdas quimeras.

Como siguiente ejercicio puede el discípulo practicar este otro:

Colóquese frente a una planta en plena floración y con-
céntrense la mente en la idea de que un día esa planta se
marchitará y perecerá: «Nada perdurará de lo que tengo
ahora ante mis ojos; pero llegado ese periodo, la planta ya
habrá engendrado en su organismo semillas que llegarán
a convertirse en nuevas plantas. Y otra vez me doy cuenta
de que en lo que mis ojos ven existe algo oculto que me es
imposible percibir. Me compenetraré con el pensamiento:
«Esta planta, con su forma y colores, habrá dejado de existir
en lo futuro; pero que engendre semillas me lleva a pensar
que no se aniquila en la nada. Lo que preserva a la planta de
la desaparición se mantiene tan invisible a mi vista como la
planta que estaba antes oculta en el grano de la semilla. Existe, pues, en la planta algo que mis ojos no pueden ver. Si dejo
que en mi interior tome vida este pensamiento, y uno a él
el correspondiente sentimiento, al cabo de cierto tiempo se
desarrollará un poder en mi alma que se convertirá en una
nueva percepción».

De la planta emerge una especie de llama espiritual,
mayor en tamaño que la descrita anteriormente. Esta llama produce aproximadamente la sensación del color azul-
verdoso en su parte media y rojo-amarillento en su borde
exterior. Los colores aquí descritos no se perciben de la misma manera como los ojos físicos ven los colores, sino que
la percepción espiritual da lugar a una sensación parecida a
la impresión física del color. Tener la percepción espiritual
de lo «azul» significa que se siente algo similar a lo que se

experimenta cuando la mirada del ojo físico descansa sobre el color azul. Quien pretenda avanzar hacia las percepciones espirituales conviene que tenga esto en cuenta; de lo contrario no esperaría de lo espiritual más que una repetición de lo físico, lo que le conduciría a la más amarga decepción.

Quien haya llegado a este grado de visión espiritual se hallará en posesión de un rico tesoro, pues se le revelarán los objetos del mundo exterior no solo en su modo de ser actual, sino también en su proceso de crecimiento y decadencia; comenzará a percibir en todas las cosas el Espíritu, del que nada sabe el ojo físico, y así habrá dado los primeros pasos para llegar a comprender, por propia visión, el misterio del nacimiento y de la muerte.

Para los sentidos exteriores, un ser nace con el alumbramiento y perece con la muerte. Las cosas se nos aparecen así por la sencilla razón de que los sentidos no perciben el espíritu escondido en ese ser. Para el espíritu, el nacimiento y la muerte son simplemente una metamorfosis similar a la transformación que se opera en la planta ante nuestros ojos cuando la flor surge del capullo.

Reconocer esto por propia visión requiere haber despertado el sentido espiritual requerido mediante los métodos aquí señalados. Para acallar desde un principio otra objeción que pudieran hacer ciertas personas dotadas de alguna experiencia psíquica, añadiremos lo siguiente: no queremos negar que haya caminos más cortos y métodos más sencillos, o que existan personas que hayan llegado por su propia visión a comprender el fenómeno del nacimiento y de la muerte sin haber pasado antes por las etapas descritas en esta obra. En efecto, existen seres que poseen disposiciones psíquicas notables cuyo desarrollo requiere tan solo un leve impulso. Pero tales personas constituyen la excepción, mientras que la senda aquí indicada es un camino seguro y válido para todos. Es ciertamente posible, por ejemplo, adquirir algunos conocimientos químicos por medios excepcionales; mas para llegar a ser químico hay que seguir los métodos reconocidos y dignos de confianza. Sería un error de graves consecuencias suponer que con solo imaginarse la planta o la semilla, con solo representársela imaginativamente, se pueda llegar a la meta. Sí pueden lograrse resultados, pero de una manera menos segura que la indicada. La visión a la cual se llegará sería, en la mayoría de los casos, un espejismo de la fantasía, sin parangón con la auténtica visión espiritual. No se trata de crear visiones caprichosas, sino de que la realidad las cree dentro de uno mismo. La verdad ha de surgir de las profundidades de nuestra propia alma, conjurada no por mi yo ordinario, sino por los seres cuya realidad espiritual pretendo percibir.

Cuando el discípulo, mediante tales ejercicios, ha encontrado dentro de sí los rudimentos de la visión espiritual, ya puede elevarse hasta la contemplación del hombre mismo. Al principio debe elegir fenómenos sencillos de la vida humana; pero antes de hacerlo debe esforzarse en alcanzar la más completa pureza de su naturaleza moral.

El discípulo rechazará todo pensamiento que pueda tender a una aplicación de los conocimientos así adquiridos para satisfacer sus instintos egoístas. Se obligará a no utilizar jamás para el mal cualquier poder que pudiere adquirir sobre sus semejantes. De ahí que todo aquel que quiera conocer por visión personal los misterios de la naturaleza humana deba observar la regla de oro de la verdadera ciencia espiritual, que reza así: «Si intentas dar un paso hacia el conocimiento de las verdades ocultas, da tres pasos hacia el perfeccionamiento de tu carácter».

Quien observe esta regla puede practicar ejercicios de la siguiente índole:

1. Evoque la imagen de una persona a quien se haya observado cuando ansiaba algo.

2. Concéntrese la atención sobre el deseo mismo. Lo mejor es evocar el momento en que el deseo había alcanzado su mayor intensidad, siendo todavía inseguro si esa persona podría o no satisfacer su deseo.

3. Reflexione luego con intensidad sobre lo que de esto pueda recordarse manteniendo interiormente la más completa calma.

4. Trate, en la medida de lo posible, de permanecer ciego y sordo para todo lo que acontezca a su alrededor, y ponga especial atención en que surja en el alma un sentimiento, suscitado por la imagen representada.

5. Permita que ese sentimiento ascienda en su interior como una nube sobre un horizonte sereno.

Por regla general, la observación quedará interrumpida por no haber observado a la persona en cuestión durante suficiente tiempo en el estado de alma referido. El intento puede ser vano centenares de veces, mas no se debe perder la paciencia. Después de numerosos ensayos, el alma llegará a experimentar un sentimiento que corresponde al estado de ánimo de la persona observada y se notará, además, debido a ese sentimiento, que después de algún tiempo crece en el alma una energía que se convierte en visión espiritual del estado psíquico de la otra persona. Aparecerá en el campo visual una imagen que dará la impresión de algo luminoso, imagen que es la llamada manifestación astral del estado de deseo observado en aquella alma.

Una vez más, la impresión de esta imagen puede ser descrita como semejante a una llama de centro rojo amarillento y borde azul rojizo o lila. Es menester tratar con delicadeza tal visión espiritual y lo mejor es no hablar de ella con nadie, excepción hecha del propio guía, si se tiene. Porque si se intenta describir tal fenómeno por medio de palabras inadecuadas, frecuentemente se cae en crasos errores; se emplean las palabras usuales, no acuñadas para expresar semejantes cosas y, por tanto, demasiado burdas y torpes.

Por otra parte, el intento de expresar con palabras estas experiencias lleva a la tentación de hacer deslizar, entre las percepciones genuinas, toda clase de fantasías. Otra regla importante se impone aquí al discípulo: «Aprende a guardar silencio sobre tus visiones espirituales; debes callar incluso ante ti mismo; no trates de expresar en palabras, ni de analizar con un intelecto desmañado, lo que percibes en espíritu. Abandónate despreocupadamente a tu visión espiritual sin perturbarla con demasiadas sutilezas, pues has de saber que al principio tu capacidad de reflexionar no iguala, en modo alguno, a tu nuevo poder perceptivo. Tu facultad razonadora la conquistaste en tu vida limitada hasta ahora al mundo físico y sensible; y lo que ahora estás conquistando sobrepasa esos límites. Abstente, así pues, de aplicar, a esas nuevas y más elevadas percepciones, el patrón de las antiguas.»

Solo aquel que ya tenga alguna certeza en la observación de experiencias interiores podrá hablar de ellas, estimulando así a sus semejantes.

Otro ejercicio puede completar lo ya descrito: concentre de igual modo la atención sobre el momento mismo en que a una persona se le satisface algún deseo, la realización de una esperanza. Si observa las mismas reglas y las mismas precauciones que en el caso precedente, llegará nuevamente a una visión espiritual. Verá aparecer una forma llama espiritual cuyo centro provoca la sensación de lo amarillo y cuyo borde es experimentado como de color verde.

Observaciones de esta índole sobre nuestros semejantes pueden ser causa para el observador de un defecto moral: tornarse insensible e incomprensivo, y hay que evitar, por todos los medios, que esto suceda. Tales observaciones deben llevarse a cabo solamente por quien ya haya alcanzado un nivel tal que tenga la certidumbre absoluta de que los pensamientos son realidades; por consiguiente, no deberá permitirse pensar en los demás de modo que los pensamientos sean incompatibles con el más profundo respeto a la dignidad y a la libertad humanas. Jamás debe entrar en nuestro ánimo la idea de que un hombre pueda ser para nosotros un simple objeto de observación, por lo que paralelamente a cada observación oculta de la naturaleza humana, la autoeducación debe tender a respetar sin reserva el fuero interno de cada individuo y a reconocer la sagrada e inviolable naturaleza de lo que mora en todo ser humano. Ha de saturarnos un sentimiento de temor reverente ante todo lo humano, incluso cuando se trate de representaciones del recuerdo.

Baste con estos dos ejemplos para ilustrar cómo puede lograrse la iluminación interior de la naturaleza humana, ya que sirvieron cuando menos para indicar el camino a seguir. Aquel que pueda encontrar el silencio y la calma interior indispensables para tal observación, advertirá haber conseguido una profunda transformación interna. Así alcanzará pronto el punto en que este enriquecimiento interior de su ser le confiera confianza y serenidad para su conducta externa, transformación que redundará en beneficio de su alma. Y de este modo irá progresando, descubriendo paso a paso caminos y medios para penetrar cada vez más en aquella parte de la naturaleza humana que está oculta a los sentidos exteriores, hasta alcanzar la madurez necesaria para poder contemplar las relaciones misteriosas entre la naturaleza humana y todo lo que existe en el universo.

Siguiendo este camino, el hombre se aproxima más y más al momento en que podrá comenzar a dar los primeros pasos en la iniciación. Antes dar empezar a caminar, con todo, se precisa algo de lo que sólo más tarde es consciente el discípulo. Nos referimos al arrojo. Lo que el candidato debe aportar a la iniciación es valor e intrepidez desarrollados en determinado sentido. El discípulo debe buscar las oportunidades favorables al desarrollo de esas virtudes, así como cultivarlas metódicamente en la instrucción oculta. La vida misma es, sobre todo en ese sentido, una buena escuela oculta, quizá la mejor. El discípulo debe saber enfrentarse serenamente a un peligro, tratar de superar las dificultades sin temor. Por ejemplo, frente a un peligro debe inmediatamente fortalecer su ánimo y llegar a la convicción de que el miedo de nada sirve, que debe apartar ese sentimiento de él para pensar solamente en lo que hay que hacer. Y debe progresar hasta lograr que sentimientos tales como «tener miedo» o «desalentarse» no tengan cabida en él, al menos en su sentir más íntimo.

Mediante tal autoeducación, el hombre desarrolla dentro de sí ciertos poderes bien definidos, necesarios para la iniciación en los misterios superiores. Así como el hombre físico necesita fuerzas nerviosas para utilizar sus sentidos corpóreos, del mismo modo el hombre psíquico tiene necesidad de la energía que solo se desarrolla en las naturalezas intrépidas y valerosas.

Quien penetra en los misterios superiores ve cosas que permanecen ocultas a la vista del hombre ordinario debido a los engaños de los sentidos; pero estos sentidos físicos que nos impiden contemplar la verdad superior son precisamente por eso los bienhechores del hombre. Gracias a ellos se ocultan para él cosas que le causarían una turbación tremenda por no estar debidamente preparado, y cuya vista no podría soportar. El discípulo debe capacitarse para resistir tales visiones. Pierde ciertos apoyos del mundo exterior que se debían precisamente a la circunstancia de que él era presa de la ilusión. La situación es semejante a la de alguien a quien se le señalase un peligro al que hubiera estado expuesto durante mucho tiempo sin saberlo: si bien antes no sentía temor, una vez que lo conoce será presa del miedo, aunque no haya aumentado el peligro al conocerlo.

Las energías que actúan en el universo son destructivas y constructivas; el destino de los seres que lo habitan es nacer y perecer. El vidente contemplará la acción de esas energías y el curso de ese destino, y durante su proceso de aprendizaje ha de quitársele el velo que en la vida ordinaria cubre sus ojos espirituales. Tengamos presente, sin embargo, que el hombre mismo se halla íntimamente vinculado a dichas energías y a dicho destino: en su propia naturaleza existen fuerzas destructivas y constructivas, y su propia alma se le presenta tan desnuda como los demás objetos.

Ante este conocimiento de sí mismo el discípulo no debe perder vigor, y para que no le falte, debe aportarlo en exceso. El camino es aprender a mantenerse sereno y tranquilo interiormente en las circunstancias más difíciles de la vida y cultivar dentro de uno mismo una firme confianza en las fuerzas benéficas de la existencia. Debe estar preparado para descubrir que ciertos móviles que hasta ahora lo impulsaban dejan de hacerlo y para percatarse de que hasta ahora, cuando pensaba y obraba, lo hacía muy a menudo movido por la ignorancia.

Dejarán de tener efecto sus antiguas motivaciones. Por ejemplo, si anteriormente obraba a menudo por vanidad, ahora comprenderá cuán indeciblemente fútil es toda vanidad para el que sabe; si obraba por avaricia, ahora verá cuán destructiva es la avaricia. Y tendrá que desarrollar incentivos completamente nuevos para actuar y pensar, para lo cual es precisamente necesario el valor y la intrepidez. Muy en especial se trata de cultivar ese valor y esa intrepidez en lo más íntimo de la vida cogitativa. El discípulo debe aprender a no descorazonarse por fracaso alguno y ser capaz de pensar: «Voy a olvidar que otra vez he fracasado en esta empresa y me empeñaré de nuevo en ella como si nada hubiera acontecido». Así se abre paso hacia la convicción de que los manantiales de energía del universo donde puede abrevar son inagotables. Aspira continuamente a lo espiritual, que puede elevarlo y sostenerlo, aunque numerosas veces su ser terrenal haya resultado impotente y débil. Debe ser capaz de vivir mirando hacia el porvenir, sin dejarse turbar en esta aspiración por experiencia alguna del pasado.

Cuando el hombre posea estas cualidades hasta cierto grado, estará maduro para conocer los verdaderos nombres de las cosas, lo que constituye la clave del saber superior, considerando que la iniciación consiste en aprender a designar las cosas del mundo por los nombres que tienen en el espíritu de sus divinos autores, nombres que encierran el secreto de las cosas. La diferencia entre el lenguaje de los iniciados y el de los no iniciados consiste en que los primeros conocen el nombre por el cual los seres fueron creados.

El próximo capítulo tratará de la iniciación propiamente, hasta donde sea posible.

La iniciación

La iniciación es el grado más alto de una disciplina oculta sobre el cual todavía pueden darse indicaciones en una obra escrita, inteligibles para la generalidad. Cualquier referencia sobre lo que existe más allá de ella de este grado será difícil de comprender; sin embargo, podrá encontrar el camino todo aquel que haya pasado por los misterios menores, a través de probación, iluminación e iniciación.

Sin la iniciación, el hombre no podría adquirir el saber y la fuerza que éste confiere, más que en un futuro muy lejano, después de numerosas encarnaciones y por un camino y bajo una forma muy distintos. Quien ahora se inicie, experimenta algo que, de lo contrario, no conocería sino mucho más tarde y en circunstancias muy diferentes.

El hombre accede a los misterios de la existencia solo en la medida que corresponde a su grado de madurez, y es por esta razón, la única, por la que existen obstáculos en el sendero hasta los grados superiores del saber y del poder. Nadie debe usar un arma de fuego hasta adquirir la destreza para manejarla sin causar desgracias. Si una persona fuera iniciada hoy sin requisito alguno, carecería de la experiencia que irá adquiriendo durante sus futuras encarnaciones, experiencia indispensable antes de que, dentro del curso normal de su evolución, se le revelen los misterios respectivos.

De ahí que en el umbral de la iniciación tengamos que hallar algo que sustituya a esas experiencias. El «sustituto» para dicha experiencia futura son las primeras instrucciones que se imparten al candidato a la iniciación. Se trata de las llamadas «pruebas» que él tiene que sufrir y que corresponden a la consecuencia normal de su evolución interna, si se llevan debidamente a cabo los ejercicios, tal como han sido descritos en capítulos anteriores. Estas pruebas se mencionan frecuentemente en libros y sus reseñas provocan, por lo regular, una idea bastante errónea de su naturaleza. La razón es que quien no haya pasado por la probación y la iluminación nada puede conocer de ellas, y tampoco puede, por tanto, describirlas adecuadamente.

El candidato debe llegar a conocer ciertas cosas y hechos que pertenecen a los mundos superiores. Mas solo puede verlos y oírlos si está capacitado para las percepciones espirituales en forma de figuras, colores, sonidos, etc., mencionados al tratar de la probación y de la iluminación.

La primera «prueba» consiste en adquirir una visión más adecuada de las cualidades corpóreas de las cosas inanimadas y, posteriormente, de las plantas, de los animales y del ser humano, que la que tiene el hombre común. Con esto no nos referimos a lo que hoy día se llama conocimiento científico, pues no se trata aquí de ciencia sino de videncia.

Por regla general, el procedimiento consiste en que el candidato llega a comprender cómo los objetos de la naturaleza y los seres animados se manifiestan al oído y a la visión espiritual.

En cierta manera, aparecen entonces ante el observador sin velo, desnudas. Las cualidades que se perciben son las que están ocultas para el ojo y el oído físicos; para la percepción sensoria están como cubiertas de un velo que se desvanece ante el candidato mediante el fenómeno denominado «purificación por el fuego espiritual». De ahí que esta primera prueba se llame la «prueba del fuego».

Para ciertas personas, la vida ordinaria misma constituye una iniciación más o menos inconsciente por la «prueba del fuego»; son aquellas que pasan por amplias experiencias de una índole tal que su confianza en sí mismas, su valor y su firmeza se vigorizan de manera sana, aprendiendo a la vez a soportar el dolor, las decepciones y los fracasos de sus empresas con grandeza de alma y, sobre todo, con calma y fuerza inquebrantable.

Quien ha pasado por tales experiencias es muchas veces ya un iniciado, sin darse cuenta cabal de ello, y le falta muy poco para abrir sus ojos y sus oídos espirituales y convertirse en clarividente. No debe olvidarse que una «prueba del fuego» genuina no tiene por objeto satisfacer la curiosidad del candidato. Ciertamente aprenderá a conocer verdades extraordinarias, de las que otros no tienen idea; pero esta adquisición del conocimiento no es una meta, sino solamente un medio de llegar a ella. La meta consiste en adquirir, gracias al conocimiento de los mundos superiores, una mayor y más firme confianza en uno mismo, un valor de grado elevado, una grandeza de alma y una perseverancia tales que generalmente no pueden adquirirse en el mundo inferior.

Después de la «prueba del fuego», el candidato todavía puede retroceder, en cuyo caso continuaría su existencia fortificado moral y físicamente, y probablemente no reanudaría su iniciación sino en una encarnación posterior. Pero en su encarnación actual sería un miembro de la sociedad humana más útil que antes. Sea cual fuere la situación en que se encontrare, su firmeza, su circunspección, su entereza y su influencia bienhechora sobre sus semejantes habrían aumentado. Si el candidato, después de pasar por la «prueba del fuego», quiere continuar su disciplina oculta, deberá recibir instrucción sobre cierto sistema de escritura que en ella se emplea.

Las enseñanzas ocultas propiamente dichas se dan a conocer en tal sistema de escritura, pues lo que constituye el carácter «oculto» de las cosas no puede expresarse directamente, ya sea en palabras del lenguaje común o por la escritura corriente. Quienes han aprendido de los iniciados traducen sus enseñanzas al lenguaje común lo mejor que se pueden. La escritura oculta, grabada en forma permanente en el mundo espiritual, se revelará al alma cuando ésta haya adquirido la percepción superior; no se aprende a leerla como una escritura artificial. El candidato, por una expansión del alma, se acerca a la cognición clarividente y durante esta expansión comienza a desenvolverse, cual facultad psíquica, una energía que lo impulsa a descifrar los acontecimientos y los seres del mundo espiritual como si fueran los caracteres de una escritura. Podría ocurrir que esta energía y, con ella, la experiencia de la prueba respectiva, surgieran por sí solas en el curso de la evolución progresiva del alma. Sin embargo, se llega a la meta con más seguridad si se siguen las instrucciones de los investigadores espirituales experimentados que tengan facilidad en descifrar la escritura oculta. Los signos de la escritura oculta no son ideados arbitrariamente, sino que corresponden a las fuerzas que operan en el mundo. Gracias a estos signos se aprende el lenguaje de las cosas.

El candidato comprobará pronto que los signos que aprende a conocer corresponden a las figuras, colores, sonidos, que aprendió a percibir durante su probación e iluminación; descubrirá que todo lo anterior solo era como un deletreo, y que ahora comienza a leer en el mundo superior. Se le revelará en un gran conjunto coherente todo lo que antes era solamente figuras, sonidos y colores aislados. Por primera vez alcanza la completa certidumbre en la observación de los mundos superiores. Antes, nunca podría afirmar si las cosas que había visto las había visto correctamente; ahora por fin se hace también posible un regular entendimiento entre el candidato y el iniciado en los dominios del saber superior.

Cualquiera que sea la relación entre un iniciado y otra persona en la vida ordinaria, aquél solo puede impartir el saber superior en su forma inmediata valiéndose de este lenguaje de signos. Por medio de él el discípulo llegará a conocer también ciertas reglas de conducta para la vida, ciertos deberes de los que antes no tenía idea alguna. Una vez que conozca estas reglas, será capaz de realizar actos de un significado y alcance inalcanzables para un profano, pues obrará desde los mundos superiores. Las instrucciones para tales actos solo pueden captarse y entenderse en dicha escritura.

Hemos de manifestar, sin embargo, que hay personas capaces de llevar a cabo inconscientemente tales actos, es decir, sin haber cursado la disciplina oculta. Tales «benefactores del mundo y de la humanidad» pasan por la vida derramando bendiciones y beneficios; poseen, por razones que no hemos de discutir aquí, facultades que parecen sobrenaturales. Lo único que los distingue del discípulo es que éste actúa conscientemente y con clara e íntegra visión. El discípulo adquiere, mediante el estudio adecuado, los dones que aquéllos han recibido de las potencies superiores para bien del mundo. Los privilegiados de Dios merecen veneración sincera, sin que esto implique que deba considerarse superflua la disciplina oculta.

Una vez que el discípulo haya aprendido la mencionada escritura simbólica, ha de sufrir otra «prueba»: demostrar si puede moverse con toda libertad y seguridad en el mundo superior. En la vida ordinaria, el hombre actúa movido por causas externas; realiza tal o cual trabajo, porque las circunstancias le imponen este o aquel deber. Huelga insistir en que el discípulo no debe desatender ninguno de sus deberes en la vida ordinaria por el hecho de vivir en mundos superiores. Ningún deber en el mundo superior puede obligar a alguien a descuidar un único deber de su vida corriente. Al convertirse en discípulo, el padre de familia sigue siendo buen padre de familia, la madre sigue siendo una buena madre, y ni el funcionario, ni el soldado, ni persona alguna deben sentirse desviados del cumplimiento de sus obligaciones. Por el contrario, todas las cualidades que constituyen la eficiencia de una persona en la vida aumentan en el discípulo en un grado del cual el no iniciado no puede formarse idea. Y si él no iniciado tiene a veces otra impresión —lo que solo ocurre en casos aislados—, eso proviene de que no siempre es capaz de juzgar equitativamente al iniciado. Lo que hace este último no es siempre comprensible para el primero. Pero esto solo se observa en casos particulares, como ya queda dicho.

En este grado iniciático existen deberes para los cuales no hay móvil externo alguno. Las circunstancias exteriores no inducirán al discípulo a la acción, sino que se supeditará a las reglas de conducta que se le han revelado en el lenguaje oculto. En esta segunda «prueba» debe demostrar que, conducido por alguna de esas reglas, actúa con la misma seguridad y firmeza con que un funcionario cumple los deberes que le corresponden. Con este objeto, y en el curso de su disciplina oculta, el candidato se encontrará ante determinada tarea.

Debe realizar una acción motivada por las percepciones resultantes de lo que aprendió durante la probación y la iluminación. La índole de su acción debe comprenderla por la escritura asimilada con anterioridad. Si reconoce su deber y obra correctamente, habrá salido airoso de esta prueba. Podrá comprobarse el éxito a juzgar por el cambio que se produce, gracias a la acción llevada a cabo, en las figuras, colores y sonidos percibidos por los ojos y oídos espirituales. En el curso de la disciplina oculta se precisa exactamente cómo aparecen y se experimentan esas figuras, colores y sonidos después de la acción, y el candidato debe saber cómo provocar tal cambio. A esta prueba se le llama la «prueba del agua», porque al actuar en estas regiones superiores, el hombre se halla privado de los apoyos que se derivan de las condiciones externas, de la misma manera que el nadador carece de sólido apoyo cuando se encuentra en aguas profundas. El procedimiento debe repetirse hasta que el candidato logre absoluto equilibrio y seguridad perfecta.

La importancia de esta prueba radica asimismo en la adquisición de una cualidad que desarrolla el hombre en breve tiempo mediante experiencias en el mundo superior a tan alto grado que requeriría muchas encarnaciones dentro de la evolución normal para alcanzarlo. El punto esencial es el siguiente: para producir el cambio referido, el candidato solo debe dejarse guiar por los resultados de su percepción superior y por la escritura oculta. Si entremezclara en la acción algo de sus deseos, opiniones, y siguiera, aunque solo fuera por un momento, su propio capricho en vez de las leyes reconocidas como correctas, se produciría un resultado muy distinto del pretendido: el candidato perdería la dirección hacia su objetivo y obtendría como fruto la confusión. De ahí que esta prueba ofrezca al hombre amplia ocasión para desarrollar el dominio de sí mismo, lo esencial e importante.

Esta prueba, pues, puede ser fácilmente trascendida por quienes, antes de la iniciación, hayan tenido oportunidad en su vida de adquirir ese dominio de sí mismo. Quien haya conquistado la facultad de supeditarse a principios o ideales elevados, dejando de lado sus caprichos y predilecciones personales, y cumplido su deber incluso en los casos en que sus inclinaciones y simpatías hayan tratado de desviarlo de ese deber, ya es un iniciado, si bien de modo inconsciente, en medio de la vida ordinaria, y poco le falta para triunfar de esa prueba. De hecho, se necesita un cierto grado de inconsciente iniciación en la vida ordinaria para pasar la segunda prueba. Al igual que las personas que no han aprendido a escribir debidamente en la juventud, tropiezan con dificultades para salvar esa deficiencia en la edad madura, así también será difícil desarrollar el grado necesario de dominio de uno mismo al ponerse en contacto con los mundos superiores, si no se ha adquirido cierto grado de esa facultad en la vida cotidiana.

Las cosas del mundo físico no se alteran, sean cuales fueren nuestros deseos, anhelos e inclinaciones; no así en los mundos superiores, donde todo esto es causa que genera efectos. Si queremos producir un resultado particular en esos mundos, es necesario que seamos completamente dueños de nosotros mismos y nos atengamos exclusivamente a las reglas apropiadas, sin obedecer capricho alguno. Una cualidad humana de singular relevancia en esta fase de la iniciación es el juicio acertado e incuestionablemente sano. Esta cualidad debe haber sido objeto de cultivo en todas las fases precedentes, pero es en este periodo cuando se pondrá en evidencia si el candidato se halla capacitado para seguir el verdadero sendero del conocimiento. Solo podía progresar si sabe discernir entre la realidad y la ilusión, la fantasmagoría vana, la superstición, así como toda clase de espejismos.

Al principio ese discernimiento es más difícil en las fases superiores de la existencia que en las inferiores. Todo prejuicio, toda opinión rutinaria debe desaparecer; solo la verdad ha de servir de guía. Hay que estar siempre dispuesto a abandonar al instante toda idea, toda opinión, toda tendencia, cuando el pensamiento lógico así lo exija. La certidumbre de los mundos superiores solo puede adquirirse cuando se está presto a renunciar a la propia opinión. Las personas cuya mentalidad tiende a la fantasía y a la superstición no pueden progresar en el sendero oculto. El discípulo ha de adquirir un bien de gran valor: dejar de dudar de la existencia de los mundos superiores, pues con sus leyes se revelan a su mirada; pero ellos le son inasequibles en tanto sea presa de espejismos e ilusiones. Sería fatal para él que la fantasía y los prejuicios arrastrasen su intelecto. Por esta razón los soñadores y quiméricos, al igual que los supersticiosos, son tan poco adecuados para el sendero oculto. Nunca insistiremos lo bastante en ello. El ensueño, la ilusión y las supersticiones son los enemigos más peligrosos que acechan en el sendero del conocimiento.

En el portal que conduce a la segunda prueba iniciática está escrito: «Abandona todo prejuicio», y en la puerta que conduce a la primera podemos leer: «Sin buen sentido común, serán vanos todos tus pasos». Sin embargo, no hay que creer que el discípulo se vea privado de un sentido poético de la vida o de la facultad del entusiasmo por este hecho.

Cuando el candidato ha progresado suficientemente en ese sentido, le aguarda una «tercera prueba», que no le señala ningún objetivo definido: todo se deja en sus propias manos. Se halla en tal situación que nada lo impele a obrar, solo y por sí mismo debe encontrar su camino. No existe cosa ni persona que pueda estimularlo a obrar. Nada ni nadie pueden darle la fuerza que necesita: únicamente él mismo. Si fallara al encontrar dentro de sí esta fuerza, quedaría pronto en el mismo lugar que antes; pero serán pocos los que, habiendo pasado airosamente por las pruebas anteriores, carezcan de esa fuerza al llegar a este punto. O se ha fracasado ya antes, o se tiene éxito en este momento. Cuanto necesita el candidato es entrar rápidamente en conexión consigo mismo, pues aquí debe encontrar a su «Yo superior» en el más auténtico sentido de la palabra. Debe decidirse con rapidez a captar en todo la inspiración del Espíritu. Ya no es posible la vacilación o la duda; de existir, aunque fuera un instante, se demostraría que no hay madurez todavía. Todo cuanto impida prestar oído al Espíritu debe vencerse valientemente. Lo fundamental en esta situación es mostrar presencia de ánimo, cualidad cuyo desarrollo perfecto es asimismo la meta en esta etapa de la evolución. Como todos los estímulos que antes tenía para actuar y hasta para pensar, dejan de existir, el discípulo no debe perderse a sí mismo, so pena de caer en la inercia: el único punto firme que puede servirle de sostén lo hallará dentro de sí.

Nadie que lea esto sin estar familiarizado con estos temas debiera sentir antipatía por este principio de confinación en uno mismo, porque el éxito en esta prueba significa para el candidato la más perfecta bienaventuranza. Para esta etapa, lo mismo que en los casos anteriores, la vida ordinaria es para muchos una disciplina oculta. Si una persona ha llegado a ser capaz de tomar decisiones inmediatas sin demora ni vacilación al verse enfrentada súbitamente con alguna tarea o problema de la vida, la vida misma ha significado disciplina. Las situaciones apropiadas son aquellas en las que la acción eficaz depende de una rápida resolución. Quien esté listo para obrar frente a una desgracia inminente cuando unos momentos de vacilación significarían su actualización; quien sepa convertir en cualidad personal permanente este don de decidir con prontitud, habrá alcanzado, sin saberlo, la madurez para la tercera «prueba», ya que lo que importa para ella es el desarrollo de una cabal presencia de ánimo. En la disciplina oculta se la denomina «prueba del aire», porque el candidato no se puede apoyar en el terreno firme de los motivos externos, ni en sus experiencias de los colores, figuras, que ha conocido en la probación y en la iluminación, sino exclusivamente en sí mismo.

Una vez que el discípulo ha pasado por esta prueba puede entrar en el «templo del conocimiento superior», al cual podemos referirnos solo en forma muy alusiva. El requisito que ahora se impone se caracteriza a menudo diciendo que el discípulo debe prestar «juramento» de no «traicionar», las enseñanzas ocultas; pero estas expresiones de «juramento» y «traicionar» no son, en manera alguna, adecuadas y en verdad inducen al error. No se trata de un juramento en el sentido ordinario de la palabra, sino más bien de una experiencia que se presenta en esta etapa evolutiva. El discípulo aprende cómo poner en práctica el saber oculto y cómo utilizarlo en servicio de la humanidad; comienza a comprender realmente el mundo. No se trata de privar a los demás de las verdades superiores, sino más bien de saber presentarlas juiciosamente y con el tacto necesario. El silencio sobre ellas se refiere a algo completamente distinto. El discípulo se asimila, por tanto, esta sutil cualidad en relación con mucho que anteriormente constituía tema de conversación y, especialmente, en relación con la manera en que se conducían semejantes conversaciones.

Pobre iniciado sería quien no pusiera al servicio del mundo, y en la medida más amplia posible, los conocimientos superiores que hubiera adquirido. La única limitación para transmitir el conocimiento en estas materias es la falta de comprensión por parte de quien lo recibe. Es cierto que los misterios superiores no se prestan para conversaciones triviales; pero no existe «prohibición» alguna de hablar de ellos para quien se haya elevado al grado de evolución descrito. Ninguna otra persona ni ser le impone «juramento» alguno en ese sentido: todo se deja bajo su propia responsabilidad. Lo que aprende es a resolver exclusivamente por sí mismo lo que tiene que hacer en cada situación; y el «juramento» significa simplemente que se ha vuelto capaz de asumir tal responsabilidad.

Cuando el candidato haya alcanzado la madurez necesaria por las experiencias descritas, recibirá lo que se llama simbólicamente el «elixir del olvido». Esto significa que se le transmite el secreto de cómo obrar sin encontrarse de continuo turbado por la memoria inferior. Esto le es necesario pues él ha de tener siempre plena confianza en la actualidad inmediata. Tiene que saber destruir los velos del recuerdo que circundan al hombre en cada instante de su vida, según el lema: «Si juzgo lo que se me presenta hoy, de acuerdo con lo que experimenté ayer, me expongo a múltiples errores».

Naturalmente, esto no quiere decir que deba renunciar a la experiencia ya adquirida en la vida, sino retenerla siempre como presente hasta donde sea posible. El iniciado debe tener la facultad de juzgar toda nueva experiencia por sí misma, dejándola obrar sobre su ánimo sin que el pasado la enturbie: «Debo estar preparado en todo momento para que cada cosa o cada ser pueda revelarme algo completamente nuevo. Si juzgo lo nuevo de acuerdo con lo antiguo, estoy sujeto a error. El recuerdo de las experiencias pasadas me es de suma utilidad, precisamente porque me permite percibir lo nuevo; de no tener cierta experiencia, tal vez estaría ciego a las cualidades existentes en el objeto o en el ser que a mí viniera».

La experiencia debe servir precisamente para captar lo nuevo, no para juzgarlo en virtud de lo antiguo. El iniciado adquiere en este sentido facultades bien definidas que le revelan muchas cosas, ocultas para el no iniciado.

El segundo «elixir» que se ofrece al iniciado es el del «recuerdo». Gracias a él adquiere la facultad de tener siempre presentes en su alma los misterios superiores; no bastaría el recuerdo ordinario. Debe el discípulo identificarse por completo con las verdades superiores y ser uno con ellas. No es suficiente conocerlas, sino tener la capacidad de manifestarlas e infundirlas en acciones vivas, en forma tan común y natural como el comer y el beber. Esas verdades han de transformarse en práctica, en hábito, en tendencia. No debe haber necesidad de reflexionar sobre ellas en el sentido ordinario; han de convertirse en expresión viva a través del hombre mismo, fluir en él como las funciones vitales en su organismo.

Por este sendero el hombre va acercándose progresivamente, en un sentido espiritual, a la misma altura en que lo sitúa la naturaleza en un sentido físico.

Aspectos prácticos

Cuando el hombre cultiva sus sentimientos, sus pensamientos y sus estados de ánimo practicando los métodos descritos en los capítulos dedicados a la probación, la iluminación y la iniciación, provoca en su alma y en su espíritu una estructura similar a la que la naturaleza ha creado en su cuerpo físico.

Antes de este cultivo, el alma y el espíritu son masas indiferenciadas que el clarividente percibe como volutas nebulosas entrelazadas, que producen la impresión de un color de fulgor mortecino que va principalmente del rojizo al rojizo pardo o al amarillo rojizo; después, empiezan a resplandecer espiritualmente en colores verde amarillento o azul verdoso, y presentan una estructura ordenada. El discípulo alcanza este resultado, y con él los conocimientos superiores, si introduce sus sentimientos, pensamientos y estados de ánimo en el mismo sistema estructurado con que la naturaleza ha dotado al cuerpo de órganos que le permiten ver, oír, digerir, respirar y hablar. Poco a poco el discípulo va aprendiendo a respirar y ver con su alma; a oír y hablar con su espíritu.

Trataremos aquí con mayor detenimiento algunos aspectos prácticos que forman parte de la educación superior del alma y del espíritu. Las reglas son de tal índole que cualquiera puede ponerlas en práctica, no importando sus logros en la observancia de otras, y así conseguir cierto avance en la ciencia oculta.

Debe cultivarse particularmente la paciencia. Cada síntoma de impaciencia paraliza y hasta destruye las facultades superiores latentes en el hombre; no hay que esperar de un día a otro una visión inconmensurable de los mundos superiores, pues en tal caso seguirá la desilusión. La satisfacción por cada pequeño éxito, así como la calma y la serenidad, deben apoderarse cada vez más del alma. Es comprensible que el discípulo espere los resultados con impaciencia, pero mientras no la venza, no obtendrá fruto alguno. No es conveniente, sin embargo, combatirla en el sentido ordinario de la palabra, pues el resultado sería acrecentarla engañándonos a nosotros mismos ya que en realidad ha arraigado más firmemente todavía en los recónditos pliegues del alma.

Solo se logra el triunfo cuando el discípulo se abandona a un pensamiento bien determinado, y lo llega a asimilar completamente. El pensamiento es el siguiente: «Ciertamente debo hacer todo lo necesario para desarrollar mi alma y mi espíritu, pero esperaré con la mayor calma hasta que las potencias superiores me juzguen digno de la iluminación».

Si este pensamiento se apodera del hombre con bastante intensidad como para convertirse en parte de su naturaleza, se está pisando el buen camino. Este rasgo termina por reflejarse hasta en el exterior del discípulo: su mirada se tranquiliza, sus movimientos son seguros, bien determinadas sus decisiones, y todo lo que pueda considerarse nerviosismo va desapareciendo de él. Aquí conviene tener en cuenta ciertas reglas de conducta, en apariencia insignificantes y de poco valor. Por ejemplo: la reacción ante una ofensa. Si antes de nuestro discipulado esotérico dirigiríamos nuestro resentimiento contra el ofensor, de modo que una oleada de cólera surgiese de nuestro fuero interno; tras nuestra iniciación, por el contrario, ha de invadirnos el siguiente pensamiento: «Esa ofensa en nada afecta mi propio valor», y obraremos según proceda, pero con toda calma y serenidad, sin dejar que el enojo influya en nuestra actitud. No se trata, es natural, de sufrir cualquier ofensa en actitud pasiva, sino solo de comportarnos frente a una ofensa a nuestra propia persona con la misma calma y compostura que mostraríamos frente a una ofensa hecha a otra persona en cuyo favor tuviéramos el derecho de intervenir. Hay que tener siempre en cuenta que los resultados de la disciplina oculta no se manifiestan por cambios externos bruscos, sino por transformaciones delicadas y silenciosas del sentir y del pensar.

La paciencia ejerce un atractivo efecto sobre los tesoros del saber superior; la impaciencia los ahuyenta. Con el desasosiego y el apresuramiento, nada puede adquirirse en los dominios superiores de la existencia. Ante todo, es necesario acallar el ansia inmoderada y la codicia, dos propiedades del alma que hacen retroceder avergonzado a todo saber superior, pues por más precioso que sea ese conocimiento no debe codiciarse para que llegue a ser nuestro. Tampoco lo obtendrá jamás quien lo desee con fines egoístas. Este conocimiento exige de él, desde lo más profundo de su alma, sinceridad absoluta frente a uno mismo, ausencia absoluta de autoengaño.

Es preciso contemplar de frente y con sentimiento de auténtica veracidad las propias faltas, debilidades e insuficiencias, según el lema: «Desde el momento mismo en que busques una excusa para cualquiera de tus imperfecciones, levantarás un obstáculo en el camino del progreso que sólo podrás superar por el esclarecimiento de ti mismo». Solo hay un medio para librarse de los defectos y debilidades: reconocerlos correctamente.

Todo dormita en el alma humana y puede despertarse. También la inteligencia y la razón son susceptibles de mejora si se estudian con calma y serenidad las causas de sus lagunas. Semejante autoconocimiento es difícil, sin duda, por ser sumamente poderosa la tentación a engañarse uno mismo. Por eso, quien se acostumbre a ser sincero consigo mismo está abriendo las puertas que conducen a una comprensión más elevada.

El discípulo debe rehuir toda curiosidad; desacostumbrarse, en la medida de lo posible, a hacer preguntas para satisfacer su propia ansia de saber. Solo preguntará cuando el conocimiento pueda contribuir a perfeccionarle para el servicio de la evolución. Esto no implica atrofia de su sensibilidad para el saber, en modo alguno. Prestará fervorosa atención a cuanto sirva a ese objetivo, y buscará toda clase de oportunidades para esa devota actitud.

La disciplina oculta requiere muy especialmente del discípulo la educación del deseo. No se trata de que se convierta en un ser sin deseos, pues cuanto hemos de alcanzar hemos de desearlo, y el deseo siempre quedará satisfecho cuando se apoye en una fuerza bien determinada, derivada del verdadero conocimiento. Pero una de las reglas de oro para el discípulo es la siguiente: «Nunca desear algo antes de saber si es lo debido en el dominio correspondiente».

El sabio escruta primero las leyes del universo y luego, solo luego, sus deseos se truecan en poderes que llevan en sí mismos su realización. Cabe mencionar un ejemplo ilustrativo: muchas personas desearían conocer, por propia observación, algo de su vida prenatal. Tal deseo no tiene objeto ni puede tener éxito mientras la persona en cuestión no haya asimilado, mediante el estudio oculto y en la forma más sutil e íntima, el conocimiento de las leyes que gobiernan la naturaleza de lo eterno. Una vez adquirido este conocimiento, si después quiere ir más lejos, su deseo ennoblecido y purificado lo capacitará para hacerlo.

Tampoco tiene sentido decir: «Deseo conocer precisamente mi vida anterior y estudiaré con este propósito». Por el contrario, es menester abandonar por completo ese deseo, eliminarlo y empezar a estudiar sin esa intención. El placer y la devoción deben desarrollarse por lo que aprendemos, sin el propósito mencionado; solo así se aprende a fomentar el deseo respectivo en forma tal que lleve consigo su propia realización.

Si me encolerizo o enojo, levanto alrededor de mí una barrera en el mundo anímico, y las energías que debieran desarrollar mis ojos psíquicos no pueden llegar hasta mí. Cuando, por ejemplo, una persona me hace enojar, envía una corriente anímica al mundo anímico, corriente que no puedo percibir mientras me enoje, ya que mi propio enfado la oculta. Naturalmente, esto no debe llevarme a creer que, si me he liberado del enojo, lograré enseguida una visión anímica astral, ya que para tal fin es necesario que antes desarrolle el ojo psíquico.

Los rudimentos del ojo psíquico existen en todo ser humano; pero este ojo permanece inactivo en tanto que el hombre sea susceptible de enojo, sin que baste una ligera lucha tibia contra el enojo para que ese ojo se vivifique. Hay que perseverar combatiendo el enojo, sin cansarse, con paciencia, y llegará el día en que se advierta que el ojo del alma se ha desarrollado. Cierto es que para alcanzar tal objetivo no basta con combatir únicamente el enojo; muchos son los que se impacientan y se tornan escépticos porque durante años han venido combatiendo ciertas inclinaciones del alma sin alcanzar la clarividencia. Lo que estas personas han hecho, en realidad, es cultivar ciertas cualidades dejando que otras se desenvolvieran desenfrenadamente. El don de la clarividencia no puede manifestarse antes de que hayan quedado dominadas todas las propensiones que puedan impedir el desarrollo de las facultades latentes. Indudablemente, los rudimentos de la visión o de la audición espiritual comienzan a manifestarse antes de llegar ese momento, pero son solo brotes endebles, sujetos a toda clase de errores, y pueden fácilmente atrofiarse si se les priva de cuidado y protección esmerados.

Además de la cólera y el enojo, otros defectos que deben superarse son la pusilanimidad, la superstición, la vanidad, la ambición, la curiosidad y la locuacidad innecesaria, así como los prejuicios y el hacer distingos entre los hombres por sus características exteriores de clase, origen, raza, etc. Difícilmente se comprende en nuestros días que el luchar contra tales defectos tenga algo que ver con el aumento del poder cognoscitivo, pero todo ocultista sabe que todo esto tiene mucha más influencia que el aumento de la inteligencia o la práctica de ejercicios artificiales. Particularmente fácil es que se origine confusión entre quienes creen que para ser intrépido deba uno convertirse en temerario, o que para combatir los prejuicios de clase o de raza haya que rehuir toda diferenciación entre las personas. En verdad no juzgamos sensatamente mientras seamos todavía presa de prejuicios. Hasta en el sentido ordinario, es cierto que el temor de un fenómeno nos impide juzgarlo con discernimiento y que un prejuicio de raza nos impide penetrar en el alma de otro hombre. Es ese sentido ordinario el que el discípulo debe desarrollar con toda finura y sutileza.

También constituye un obstáculo para el entrenamiento oculto el hábito de hablar sin que cada palabra esté purificada a fondo por la reflexión. Esta consideración conviene explicarla con un ejemplo: si alguien me dice algo a lo cual debo contestar, tendré que esforzarme en considerar su opinión, su sentimiento y hasta sus prejuicios por encima incluso de que lo que sea mi aportación instantánea al tema tratado. En esto ha de ponerse de manifiesto un refinado tacto en el trato con el prójimo a cuyo cultivo debe el discípulo consagrarse con fervor. Aprenderá a juzgar qué importancia puede tener para su interlocutor el hecho de que él oponga su propia opinión a la suya, lo cual no implica de ninguna manera renunciar a la propia manera de pensar. Ni por asomo pretendemos sugerir tal cosa. Lo que procede es que se atienda con la mayor atención lo que dice el otro para determinar después, según lo escuchado, la forma de réplica. En semejantes ocasiones, un pensamiento particular se repite en el discípulo una y otra vez, y su actitud es acertada si tal pensamiento vive en él hasta convertirse en parte integrante de su ser. Helo aquí: «Lo importante no es que yo sostenga una opinión distinta de la de mi semejante, sino que él pueda encontrar por sí mismo lo que sea correcto, si mi punto de vista significa algo para lograrlo». Merced a pensamientos de semejante índole, el carácter y los modales del discípulo van adquiriendo un sello de dulzura, uno de los resortes esenciales de toda disciplina oculta. La aspereza ahuyenta las estructuras psíquicas a su alrededor, a las cuales corresponde despertar el ojo de su alma, mientras que la dulzura elimina los obstáculos y devela los órganos. Paralelamente a la dulzura, se desarrollará al punto otro rasgo del alma: la tranquila atención hacia todas las sutilezas de la vida psíquica que nos circunda, en tanto que se mantiene una perfecta quietud de las emociones de la propia alma. Cuando el hombre ha alcanzado esto, las vibraciones psíquicas que lo rodean tienen vía libre para obrar sobre él y determinar el crecimiento y la organización progresiva del alma, tal como la planta se desarrolla bajo la luz del sol. La dulzura y el silencio interior, acompañados de la verdadera paciencia, abren el alma al mundo psíquico y el espíritu al mundo espiritual.

«Permanece en la calma y en el recogimiento; cierra los sentidos a las impresiones recibidas antes de tu discipulado; acalla todos los pensamientos que antes solían fluctuar en tu alma; mantente tranquilo y en silencio interior; espera con paciencia y los mundos superiores comenzarán a modelar tus ojos psíquicos y tus oídos espirituales. No esperes poder ver ni oír inmediatamente en los mundos del alma y del espíritu, ya que todo lo que haces solo contribuye a desarrollar tus sentidos superiores; pero serás capaz de ver con tu alma y de oír con tu espíritu cuando poseas esos sentidos. Habiendo perseverado así por algún tiempo en la calma y en el recogimiento, atiende tus quehaceres corrientes profundamente compenetrado del siguiente pensamiento: "Día llegará, cuando esté maduro para ello, en que reciba lo que me ha sido asignado"; y evita estrictamente atraer hacia ti, por capricho, algo de las potencias superiores.» Tales son los preceptos que recibe todo discípulo de su instructor a la entrada del sendero oculto. Si los observa, se perfecciona; si los desacata, vano es todo su trabajo. Pero estas instrucciones solo son difíciles para quien no tenga paciencia ni perseverancia, pues no existen otros obstáculos que los que uno mismo pone en su camino y que pueden evitarse si realmente uno quiere. Hay que insistir sin cesar sobre este punto, porque mucha gente se forma una idea completamente errónea de las dificultades del sendero. En cierto modo, es más fácil dar los primeros pasos en este sendero que vencer las más triviales dificultades de la vida cotidiana sin la ayuda de la disciplina oculta.

Por lo demás, aquí solo pueden impartirse instrucciones que no implican peligro alguno para la salud física psíquica. Existen otros caminos que conducen con mayor rapidez a la meta, pero ellos nada tienen que ver con lo aquí expuesto, porque pueden ejercer sobre el ser humano ciertos efectos que todo ocultista experimentado procura evitar. Como algunos detalles de tales métodos trascienden continuamente al público, es preciso prevenir expresamente contra su aplicación. Por motivos que solo son comprensibles para el iniciado, esos métodos no pueden jamás transmitirse públicamente en su verdadera forma, y los fragmentos que se revelan aquí o allí no pueden conducir a nada provechoso y sí por el contrario a la ruina de la salud, de la felicidad y de la paz del alma. Quien no desee entregarse a potencias tenebrosas, cuya esencia y origen verdaderos no puede conocer, deberá evitar orientaciones de esa índole.

Por último, podemos dar algunos detalles sobre el entorno indicado para la práctica de los ejercicios de la disciplina oculta. No deja esto de tener su importancia, aunque las condiciones varían casi con cada individuo. Aquel que hace sus ejercicios en un medio lleno de intereses egoístas y agitado, como el de la lucha por la vida que caracteriza nuestra época, debe tener en cuenta que estos intereses no carecen de influencia sobre el desenvolvimiento de sus órganos psíquicos, si bien es cierto que las leyes propias de estos órganos son lo bastante fuertes para impedir que esta influencia pudiera ser fatalmente nociva. Así como la más desfavorable realidad no podrá ser nunca causa de que una azucena se convierta en cardo, tampoco los intereses egoístas de las grandes ciudades modernas podrán hacer que el ojo del alma se convierta en cosa distinta de lo que debe ser. Pero, en todo caso, es bueno para el discípulo rodearse, de vez en cuando, de la paz sosegada, de la dignidad interior y de la tranquilidad de la naturaleza. Particularmente favorecido se verá aquel discípulo que pueda practicar siempre su disciplina esotérica rodeado del verdor de las plantas o en las montañas bañadas del sol, donde la naturaleza teje dulcemente su tela de suave sencillez. Un medio semejante desarrolla los órganos interiores dentro de una armonía inconcebible en una ciudad moderna. También significa ya cierta ventaja sobre el hombre de la ciudad el haber podido, al menos en la infancia, respirar el aire de los pinares, contemplar las cumbres nevadas y observar en los bosques la actividad silenciosa de los animales y de los insectos.

No obstante, ninguno de los que se ven precisados a vivir en la ciudad debe dejar de nutrir sus órganos psíquicos y espirituales, en vías de formación, con las enseñanzas inspiradas de la investigación espiritual. Aquel cuyos ojos no pueden contemplar día tras día, en cada primavera, el verde follaje de los bosques, debería, en su lugar, alimentar su corazón con las enseñanzas sublimes del *Bhagavad Gita*, del Evangelio según San Juan, de Tomas de Kempis, así como con las descripciones de los resultados de la Ciencia Espiritual.

Muchos caminos existen para ascender a las cumbres de la percepción interior, pero hay que saber elegir el más apropiado. El iniciado puede decir mucho sobre tales caminos, mucho que pudiera parecer singular al no iniciado. Por ejemplo, alguien pudiera estar muy adelantado en el sendero pudiera encontrarse, por decirlo así, ante la inminente apertura de los ojos del alma y los oídos del espíritu. Entonces tiene la suerte de hacer un viaje por un mar tranquilo, o quizá tempestuoso, y la venda cae de esos ojos; súbitamente se convierte en vidente. Otro puede haber llegado igualmente tan lejos que esa venda solo deba ser aflojada, lo que acontece merced a un golpe del destino. A otra persona ese golpe tal vez la habría paralizado su fuerza y minado su energía, pero para el discípulo señala el punto de partida de la iluminación. Un tercero habrá perseverado largos años en paciencia y permanecido así sin obtener resultados tangibles, cuando de repente, al estar sentado tranquilamente en su habitación silenciosa, se hace la luz espiritual en torno suyo; los muros desaparecen, se tornan transparentes para el alma, y un mundo nuevo se despliega ante sus ojos o resuena en sus oídos espirituales, que al fin han aprendido a percibir.

Condiciones para la disciplina oculta

Las condiciones relacionadas con la disciplina oculta no pueden fijarse arbitrariamente: son el resultado natural del saber oculto. Así como nadie puede llegar a ser pintor si rehúsa manejar un pincel, así tampoco nadie puede recibir enseñanzas ocultas si no acepta cumplir con los requisitos que los instructores establecen. En el fondo, el instructor no puede sino aconsejar, y en tal sentido ha de aceptarse todo lo que diga; por experiencia conoce lo que se necesita, pues ha pasado por las etapas preparatorias del conocimiento de los mundos superiores. Del libre albedrío de cada uno depende enteramente el seguir o no la misma ruta. Si alguien pidiera a un maestro que le impartiese instrucción oculta, sin estar dispuesto a cumplimentar los requisitos correspondientes, equivaldría a decir: «Enséñame a pintar, pero no me pidas que maneje el pincel». El instructor nunca puede ofrecer nada, a menos que el recipiendario, por su propia voluntad, se dirija a él. Con todo, es preciso recordar que no basta el deseo vago de alcanzar el saber superior; muchas personas lo tienen por naturaleza; pero nada podrán alcanzar con solo tenerlo: han de aceptarse las condiciones particulares de la disciplina oculta. Esto han de tenerlo en cuenta quienes se quejen de las dificultades del sendero. Aquel que no desee o no pueda cumplir fielmente con las severas condiciones requeridas, tiene que renunciar a la disciplina oculta, al menos por el momento. Es verdad que estas condiciones son rigurosas, pero no duras, porque su observancia no solo conviene, sino que es forzoso que sea, un acto de libre albedrío.

Si esto no se tiene en cuenta, las exigencias de la disciplina oculta podría parecer que coaccionan el alma o la conciencia, ya que la disciplina consiste en un cultivo de la vida interior, y el instructor tiene que dar consejos que se relacionan con esa vida. No puede considerarse coacción lo que se exige como efecto de una libre resolución. Si alguien dijera a su maestro: «Trasmíteme tus misterios, pero déjame con mis emociones, sentimientos e ideas habituales», pediría algo completamente imposible, ya que lo pretendido sería la satisfacción de su curiosidad y de su ansia de saber. Con tal disposición de ánimo nunca se puede adquirir el conocimiento superior.

Expondremos a continuación en su orden las condiciones impuestas al discípulo, advirtiendo con toda nitidez que no se exige el íntegro cumplimiento de ninguna, sino únicamente el esfuerzo hacia tal cumplimiento. Nadie podría hacerlo por completo, pero si todos pueden situarse en la entrada de la senda para conseguirlo. Lo que importa es el esfuerzo voluntarioso, la voluntariosa actitud de hollar el sendero.

La primera condición es que el discípulo cuide de fomentar su salud corporal y espiritual. Es obvio que la salud no depende, primariamente, del individuo; pero el esfuerzo de mejorarla sí está al alcance de todos. Solo de un hombre sano puede proceder un conocimiento sano. La disciplina oculta no rechazará a una persona que no está sana; pero tiene que exigir que el discípulo tenga la voluntad de llevar una vida saludable. A este respecto el hombre ha de alcanzar la mayor independencia. Los buenos consejos de los demás, libremente impartidos, aunque generalmente no se soliciten, son por lo general completamente superfluos: cada uno debe esforzarse por cuidarse a sí mismo. Desde el punto de vista físico, más que de otra cosa, se trata de alejar las influencias nocivas. Ciertamente, muchas veces, para cumplir con nuestros deberes tenemos que aceptar condiciones perjudiciales para nuestra salud. El hombre, en algunos casos, ha de anteponer el deber a la salud. Pero considérese cuántas cosas pueden evitarse con algo de buena voluntad. El deber ha de colocarse en muchos casos por encima de la salud e incluso de la vida; pero el discípulo nunca debe hacer lo mismo con el goce. Éste será para él tan solo un medio para vivir en salud y, a este respecto, es indispensable proceder con absoluta sinceridad y veracidad con uno mismo. De nada sirve, por ejemplo, llevar una vida ascética si ésta tiene como cimientos motivaciones semejantes a las de otros goces. Hay quienes encuentran en el ascetismo una voluptuosidad similar a la que otros experimentan con el alcohol; mas no podrán esperar que este tipo de ascetismo les sirva para el conocimiento superior. Muchos imputan a las circunstancias de su vida todo lo que a su entender obstruye un progreso en este sentido, y dicen «Mis condiciones de vida no me permiten el desarrollo».

Algunos pueden encontrar deseable, por otras razones, su cambio de situación, pero nadie necesita hacerlo para los fines de la disciplina. Con este objeto, basta con hacer todos los esfuerzos compatibles con la situación en que uno se encuentre para fomentar la salud del cuerpo y del alma. Cualquier género de trabajo puede ser útil a la humanidad entera, y el reconocer cuán necesario es para ella un trabajo insignificante, incluso desagradable, es mucho más digno que el pensar: «Ese trabajo no es bastante bueno para mí; yo estoy llamado para algo mejor». Importa especialmente que el discípulo busque la salud perfecta del espíritu. Una vida malsana en pensamiento y sentimiento desvía siempre del camino hacia el conocimiento superior. La base de toda superación es la sensatez y la calma mental, la estabilidad de los sentimientos y de las emociones. Nada debe ser más extraño al discípulo que la tendencia a lo fantástico, a la excitación, a la nerviosidad, a la exaltación o al fanatismo. Mantendrá su visión serena a toda situación de su vida; sabrá orientarse con certeza en ella, dejando tranquilamente que las cosas exteriores le hablen y le revelen su mensaje. Dondequiera que sea necesario, se esforzará en hacer justicia a la vida y en evitar todo apasionamiento o parcialidad en sus juicios o sentimientos, pues de no cumplir con esta condición, en lugar de entrar en los mundos superiores, el discípulo entraría en los de su propia fantasía; en lugar de la verdad, vería reinar sus opiniones predilectas. Es mejor para el discípulo ser «seco» que exaltado y fantaseador.

La segunda condición estipula sentirse miembro de la vida entera. Su cumplimiento implica mucho, pero cada uno solo puede hacerlo a su manera. Si soy, por ejemplo, pedagogo, y mi alumno no responde a mi confianza, no debo dirigir mi resentimiento contra él, sino contra mí mismo; debo sentirme identificado con él hasta tal grado que yo llegue a preguntarme: «¿La deficiencia del alumno no será acaso consecuencia de mi propia acción?». Y en consecuencia, en lugar de dirigir mi resentimiento hacia él, reflexionaré sobre mi conducta para que en el porvenir el alumno pueda mejor responder a mis exigencias.

Partiendo de estos hábitos mentales, uno va modificando paulatinamente toda su manera de pensar, tanto hacia las cosas más pequeñas como hacia las más grandes. Con esa actitud mental observo, por ejemplo, a un criminal, de manera muy distinta que sin ella. No lo juzgo, sino que me digo: «No soy más que un hombre como él. Tal vez solo la educación con que las circunstancias me favorecieron me ha salvado de un destino como el suyo». Y entonces muy bien puedo llegar a pensar que este hermano mío hubiera llegado a ser otro hombre, si los maestros que se esmeraron en mí, lo hubieran hecho también con él. Consideraré que he gozado de un beneficio que a él le fue negado y que debo precisamente mi bienestar a aquello de lo que él fue privado. Y de esta forma llegaré naturalmente a considerarme como un miembro de la humanidad toda, mancomunadamente responsable de cuanto ocurre. Esto no quiere decir que tal pensamiento deba traducirse de inmediato en agitadas acciones externas. Ha de cultivarse en silencio dentro del alma y entonces, paulatinamente, dejará una huella en la conducta exterior del discípulo. En tales asuntos, el camino es comenzar reformándose cada uno a sí mismo, pues de nada sirven postulados generales que afecten a todo el género humano basándose en esas ideas. Es fácil dictaminar sobre cómo debieran ser los hombres, pero el discípulo trabaja en lo profundo, no en la superficie. Por tanto, sería del todo equivocado relacionar esta actitud de los instructores ocultos con alguna exigencia externa, y de ninguna manera de carácter político. La disciplina oculta nada tiene que ver con ella. Por regla general, los agitadores políticos «saben» lo que hay que «exigir» de los demás, pero no entra en discusión lo que ellos mismos debieran exigirse.

Esto nos lleva directos a la tercera condición para la disciplina oculta: el discípulo debe remontarse hasta la idea de que sus pensamientos y sus sentimientos son, para el mundo, tan importantes como sus actos; ha de reconocer que tan nocivo es odiar al prójimo como golpearlo. Esto nos conduce a comprender que, cuando trabajamos en nuestro perfeccionamiento, no lo hacemos en exclusiva en nuestro interés, sino en interés del mundo. La pobreza de nuestros sentimientos es para el mundo tan benéfica como nuestra conducta, y mientras no podamos creer en la importancia universal de nuestra vida interior, no nos servirá para el discipulado oculto. No estaremos plenamente convencidos de la importancia de nuestra vida interior, de nuestra alma, hasta que actuemos sobre ella como si fuera algo por lo menos tan real como todo lo exterior, hasta que admitamos que nuestro sentimiento tiene un efecto tan definido como el acto de mover nuestra mano.

Con ello expresamos ya propiamente la cuarta condición, que consiste en adquirir la convicción de que la verdadera esencia del hombre reside en su interior, no en su exterior. Aquel que solo se considere como un producto del mundo exterior, como un fruto del mundo físico, no podrá avanzar en la disciplina oculta, ya que una de sus bases es sentirse un ser psíquico-espiritual. La compenetración con este sentimiento capacita al discípulo para distinguir entre el deber interior y el éxito exterior, y esto lo conduce a reconocer que el uno no puede medirse directamente con el patrón del otro. Encontrará el justo medio entre las obligaciones que le imponen las circunstancias externas y lo que él mismo reconoce como lo correcto para su propia conducta. No impondrá a sus semejantes lo que ellos no puedan comprender, pero tampoco cederá a la tentación de restringir sus acciones a lo que quede dentro de la capacidad de comprensión de aquellos. Buscará la aprobación por las verdades en que se apoya, única y exclusivamente en los dictados de su alma sincera y que aspira al conocimiento; pero aprenderá todo lo que pueda de quienes lo rodean para desentrañar lo que les sea útil y provechoso. De esta manera construirá dentro de sí lo que la ciencia oculta llama «la balanza espiritual»: en uno de sus platillos se encuentra un «corazón abierto» a las necesidades del mundo exterior; en el otro la «firmeza interior» y la «perseverancia inquebrantable».

Con ello se indica ya la quinta condición: la firmeza en llevar adelante una resolución. Nada debe inducir al discípulo a desviarse de una resolución tomada, salvo la comprobación de que se había equivocado. Toda resolución es una fuerza que obrará a su manera, aunque no produzca resultado inmediato en el lugar al que vaya dirigida. El éxito constituye el factor esencial solo cuando la acción surge del deseo; pero toda acción engendrada por el deseo carece de valor para el mundo superior. El único factor determinante es, pues, el amor a la acción. En este amor debe converger todo cuanto impele al discípulo a obrar. Entonces no desmayará, por numerosos que hayan sido sus fracasos, y se mantendrá firme hasta ver su resolución convertida en acción. Con esta actitud llegará a la etapa de no esperar ya los efectos exteriores de sus actos, sino que encontrará satisfacción en la acción misma; aprenderá a sacrificar, en beneficio del mundo, todos sus actos y hasta su ser entero, no importando cómo reciba ese mundo su sacrificio. A tal sacrificio debe estar dispuesto todo aquel que quiera convertirse en discípulo de la ciencia oculta.

Una sexta condición consiste en desarrollar un sentimiento de gratitud hacia todo cuanto favorece al ser humano. Hemos de considerar que nuestra existencia es un regalo del universo entero. ¡Cuántas cosas se necesitan para que podamos recibir y conservar nuestra existencia! ¡Cuánto debemos a la naturaleza y a nuestros semejantes! Pensamientos de esta índole deben ser corrientes para quienes busquen la disciplina oculta, pues si no se sienten inclinados hacia ellos no podrán desarrollan dentro de sí el amor omnímodo que se necesita para participar del conocimiento superior. Lo que no amo no puede revelárseme y toda revelación debe llenarme de gratitud, puesto que me enriquece.

Todas estas condiciones convergen en una séptima: considerar la vida incesantemente en el sentido requerido por ellas. En esta forma el discípulo imprime a su vida un sello de uniformidad; logra que sus diversos modos de acción se hallen siempre en armonía, nunca en contradicción, y se encuentra preparado para la quietud interna que ha de lograr durante sus primeros pasos en la disciplina oculta.

Quien tenga el firme y sincero propósito de llenar estos requisitos puede decidirse por la disciplina esotérica, pues, como consecuencia, estará dispuesto a seguir los consejos mencionados. Muchos de sus detalles parecerán tal vez extrínsecos, y no faltará quien diga que no esperaba que el entrenamiento procediera en forma tan rigurosa. Mas toda actividad interior debe expresarse por una manifestación exterior, y así como no basta con que un cuadro exista en la mente de un pintor para que tenga realidad objetiva, del mismo modo ninguna disciplina oculta puede quedar sin manifestación externa. Solo quienes ignoran que lo interior debe expresarse exteriormente menosprecian las formas rigurosas. Es cierto que lo que importa es el espíritu y no la forma; pero así como la forma sin espíritu es nula y vana, del mismo modo el espíritu permanecería inactivo si no se creará una forma.

Las condiciones estipuladas son apropiadas para que el discípulo sea lo bastante fuerte como para satisfacer las exigencias ulteriores que la disciplina espiritual tendrá que imponerle. Si no lograra cumplirlas, vacilaría ante cualquier nuevo requisito, y sin ellas no obtendría en los hombres la confianza necesaria. Toda aparición de la verdad debe cimentarse en la confianza y en el amor sincero a la humanidad; cimentarse en una y en otro, aunque no pueda brotar de ellos, sino solo de la propia potencia del alma. El amor hacia el género humano debe ir creciendo progresivamente hasta abarcar a todos los seres y a todo cuanto existe. Quien fallare en el cumplimiento de los requisitos señalados no podrá sentir ni el pleno amor por todo lo que es estructura y creación, ni la tendencia a inhibirse de todo lo que sea mera destrucción y aniquilamiento. El discípulo debe llegar a ser un hombre que, no solamente en actos, sino también en palabras, sentimientos y pensamientos, nunca destruya por destruir. Todo cuanto nace y crece debe causarle alegría, y solo debe colaborar en actos destructivos cuando sea capaz, mediante la destrucción, de originar una nueva vida.

Esto no implica que el discípulo asista impasible al desencadenamiento de elementos dañinos, sino que busque, incluso en el mal, aquellos aspectos que le permitan transformarlo en bien, pues va comprendiendo cada vez con mayor claridad que la mejor manera de combatir el mal y la imperfección es mediante la creación de lo bueno y lo perfecto. Sabe el discípulo que de la nada no se puede crear algo, pero que lo imperfecto sí puede transformarse en perfecto. Quien desarrolla dentro de sí las inclinaciones a creer, no tarda en encontrar la facultad de enfrentarse con el mal en la forma correcta. Ha de comprenderse, sin confusiones, que el propósito de la disciplina esotérica es construir y no destruir. Por lo tanto, el discípulo debe henchirse de buena voluntad hacia un trabajo sincero y abnegado y renunciar a la crítica y a la destrucción: debe ser capaz de devoción, porque tendrá que aprender lo que aún no sabe y debe considerar reverencialmente lo que se le revela.

Trabajo y devoción: he ahí los sentimientos fundamentales que han de exigirse al discípulo. Algunos notarán que no adelantan en su discipulado a pesar, según su opinión, de sus incesantes esfuerzos. Esto obedece a que no han captado correctamente el significado de trabajo y devoción. El trabajo que se emprenda con miras al éxito será el que menos lo tenga; el estudio que no se haga con devoción será el que menos conduzca hacia el progreso. Solo el amor al trabajo, y no el amor al éxito, determina el progreso, y si el discípulo trata de pensar sanamente y de juzgar con certeza, no hay motivo para atrofiar su devoción con dudas y desconfianza.

Escuchar un relato con actitud devota, en lugar de oponerle de inmediato nuestra opinión personal, no supone en absoluto una sumisión servil del juicio. Quienes han alcanzado cierto grado de conocimiento saben que todo lo deben a la atención serena y a la asimilación activa de lo escuchado y no a su obcecado criterio personal. No perdamos de vista que no tenemos necesidad de aprender lo que ya somos capaces de juzgar; en consecuencia, quien solamente quiera juzgar, ya no aprenderá nada más. Ahora bien, la disciplina oculta centra su atención en el aprendizaje; hemos de tener, por tanto, la mejor disposición para aprender. Si uno no puede comprender algo, mejor hará absteniéndose de juzgar que condenando; déjese la comprensión para más tarde. Cuanto más ascendamos a grados superiores del conocimiento, tanto más necesitaremos de esa serena y devota atención.

Todo conocimiento de la verdad, toda la vida y acción del mundo espiritual se vuelven sutiles y delicados en comparación con los procesos del intelecto ordinario y de la vida del mundo físico. Cuanto más se ensanchen las esferas del hombre, tanto más delicadas se tornan las actividades que tiene que emprender. He aquí la razón por la que los hombres llegan a «opiniones» y «puntos de vista» tan diferentes en lo que atañe a los mundos superiores. Pero en verdad hay una, y solo una, opinión sobre las verdades superiores. Hasta ella puede llegar todo aquel que se haya elevado, por el trabajo y la devoción, hasta la percepción genuina de la verdad. A distintas opiniones de la única verdadera, solo se llega si se juzgan las cosas sin la suficiente preparación y de acuerdo con prejuicios, ideas rutinarias, etc. Del mismo modo que solo hay una opinión correcta sobre un teorema matemático, asimismo una sola es la verdadera con respecto a los mundos superiores. Pero se necesita de cierta preparación antes de poder alcanzar tal «opinión». Tomando esto en cuenta, a nadie le sorprenderán las condiciones de los instructores de la ciencia oculta. Es del todo cierto que la verdad y la vida superior moran en cada alma humana y que cada uno, por sí mismo, puede y debe encontrarlas; pero yacen profundamente en nuestro interior y solo después de haber franqueado todos los obstáculos es posible evocarlas de sus profundas moradas. Cómo se logra esto es algo que solo puede indicarlo quien tiene experiencia en la ciencia oculta, y son consejos de esta índole los que pueden encontrarse en la ciencia espiritual. A nadie impone esta ciencia una verdad, ni promulga dogma alguno; solo enseña una ruta, ruta que en verdad cada uno podría encontrar por sí mismo, pero quizá solo después de muchas encarnaciones.

La disciplina oculta ofrece acortar el camino. El hombre alcanza así más pronto el punto en que puede cooperar en aquellos mundos en que el trabajo espiritual fomenta la salvación y la evolución de la humanidad.

Tales son las indicaciones que, por ahora, quisimos dar sobre la adquisición del conocimiento de los mundos superiores. En el capítulo siguiente ampliaremos estas exposiciones con un estudio de los cambios que, en el curso de esta evolución, se producen en los principios superiores del ser humano: organismo anímico o cuerpo astral, y espíritu o cuerpo mental. De esta manera, las explicaciones precedentes aparecerán bajo un nuevo aspecto, lo cual permite penetrar en ellas en un sentido más profundo.

Algunos efectos de la iniciación

Uno de los principios básicos de la verdadera ciencia oculta afirma que quien se consagre a ella ha de hacerlo con plena conciencia, y no debe emprender ni practicar nada sin tener conocimiento de su efecto. Un maestro de la ciencia oculta al dar un consejo o instrucción, advertirá siempre al mismo tiempo todo lo que, como consecuencia, pueda producirse en el cuerpo, alma y espíritu de quien aspire al conocimiento superior.

Puntualizaremos en este capítulo algunos de los efectos que la ciencia oculta provoca en el alma del discípulo; si bien ya hemos advertido que solamente quien conozca las indicaciones dadas en este libro podrá emprender con plena conciencia los ejercicios que conducen al conocimiento de los mundos suprasensibles y podrá caracterizarse como un verdadero discípulo. En la genuina disciplina oculta, andar a tientas en las tinieblas es sumamente perjudicial, y quien no se esfuerce en seguirla de un modo plenamente consciente, quizá podrá convertirse en médium, pero nunca será un clarividente en sentido de la ciencia esotérica.

El discípulo que practique, de acuerdo con estas instrucciones, los ejercicios descritos en los capítulos anteriores, observará ciertos cambios en su llamado organismo anímico, organismo solo perceptible al clarividente. Puede comparársele a una nube de variable luminosidad psíquico-espiritual en cuyo centro se encuentra el cuerpo físico del ser humano. En ese organismo se vuelven espiritualmente visibles los instintos, apetitos, pasiones, ideas. Por ejemplo, un deseo sensual se percibe dentro de esta esfera como una irradiación rojiza oscura, de un forma determinada; un pensamiento puro y noble por una irradiación de color rojizo violeta; el concepto claro del pensador lógico, como una forma de color amarillento de contornos nítidamente marcados; el pensamiento confuso de un cerebro indisciplinado se presenta como una figura de contornos borrosos; las ideas de un hombre de opiniones estrechas o fanáticas aparecen con contornos rígidos e inmóviles; las de personas accesibles a las opiniones de los demás ostentan contornos movibles y cambiantes.

Cuanto más progresa el hombre en su evolución psíquica, tanto más se va estructurando regularmente su organismo psíquico. Este organismo es confuso e indiferenciado en las personas cuya vida anímica no está desarrollada; no obstante, para el clarividente, hasta tal tipo de organismo parece como un sistema que claramente se destaca del medio circundante. Ese sistema se extiende desde el interior de la cabeza hasta la parte media del cuerpo físico, y aparece como una especie de cuerpo independiente, provisto de ciertos órganos.

Trataremos aquí ahora de aquellos de estos órganos que pueden percibirse espiritualmente junto a los siguientes órganos físicos; el primero, entre los ojos; el segundo, cerca de la laringe; el tercero, en la región del corazón; el cuarto, cerca de la llamada boca del estómago; y el quinto y el sexto, con asiento en el abdomen. En la ciencia oculta estos órganos se llaman «ruedas» [chakras], o también «flores de loto», a causa de su parecido con las ruedas o las flores. Pero hay que advertir que tal expresión no es más acertada que cuando llamamos «pabellón» a la parte exterior del oído. Así como en este caso no se trata de un «pabellón», tampoco en aquél se trata más que de una denominación metafórica. Ahora bien, en el ser humano no evolucionado, estas «flores de loto» son fijas, inmóviles y de colores oscuros, mientras que en el clarividente están en movimiento y matizadas de brillantes colores. En el médium sucede algo parecido, pero de otra manera. No entraremos aquí en los detalles respectivos.

Cuando el discípulo comienza a practicar sus ejercicios, el primer efecto es que se aclaran las «flores de loto»; después empiezan a girar. La facultad de la clarividencia nace en este momento, ya que estas «flores» son los órganos sensorios psíquicos, y su rotación pone de manifiesto que se está efectuando una percepción suprasensible. Nadie puede percibir objetos suprasensibles antes que sus sentidos astrales hayan evolucionado de este modo.

Gracias al órgano espiritual situado junto a la laringe es posible penetrar en forma clarividente en la manera de pensar de otros seres animados y obtener un conocimiento profundo de las verdaderas leyes de los fenómenos naturales. El órgano lindante con el corazón revela a la cognición clarividente el modo de sentir de otras almas; y quien lo haya desarrollado puede comprobar también ciertas fuerzas recónditas en los animales y plantas. Mediante el sentido que reside cerca de la llamada boca del estómago se adquieren conocimientos de las facultades y dotes de las almas; además, este órgano permite descubrir el papel que desempeñan, en la economía de la naturaleza, los animales, las plantas, las piedras, los metales y los fenómenos atmosféricos. El órgano cerca de la laringe posee dieciséis «pétalos» o «radios de rueda»; el situado junto al corazón, doce; el que se halla a la boca del estómago, diez.

Hay ciertas actividades del alma relacionadas con la formación de estos órganos, y aquel que las practica en forma bien definida contribuye, en cierto modo, al desenvolvimiento de los correspondientes órganos de percepción espiritual. En el loto de dieciséis pétalos, ocho pétalos ya han sido formados en un pasado remoto durante una etapa anterior a la de la evolución humana. El hombre no ha contribuido en nada por sí mismo a esta formación. Los ha recibido como un don de la naturaleza cuando se encontraba todavía en un vago y ensoñador estado de conciencia. En aquella etapa de la evolución humana estaban en actividad, pero de un modo solo compatible con ese estado de semiinconsciencia. Al acceder el hombre a un estado de mayor conciencia, los pétalos se oscurecieron y suspendieron su actividad, y puede ahora el mismo hombre desarrollar los otros ocho pétalos mediante ejercicios conscientes. En esta forma el loto entero se tornará luminoso y móvil. La adquisición de ciertas facultades depende del desarrollo de cada uno de los dieciséis pétalos, en el bien entendido, como ya hemos dicho, de que el hombre solamente puede desarrollar conscientemente ocho, y los otros ocho surgirán por sí solos.

El desenvolvimiento se realiza de la siguiente manera: el hombre debe concentrar su atención y esmero en ciertas actividades del alma regularmente ejecutadas de manera desatenta y descuidada. Estas actividades son ocho.

La primera corresponde al modo como se adquieren las representaciones a las que el hombre suele por lo general entregarse. En la vida ordinaria el hombre suele entregarse a ellas de un modo muy desorganizado: oye tal o cual cosa, ve este o aquel objeto y amolda sus conceptos a esas percepciones. Al proceder en esa forma, el loto de dieciséis pétalos permanece inactivo, pues no entra en actividad hasta que se lleva a cabo una especie de autoeducación. Para lograrla, el discípulo tiene que vigilar sus representaciones, cada una de las cuales habrá de adquirir para él un carácter significativo, simbolizando un mensaje determinado procedente de los objetos del mundo exterior. No se dará por satisfecho con representaciones que carezcan de tal significado, encauzará su actividad mental para que refleje con fidelidad el mundo exterior y aspirará a desterrar de su alma las representaciones inexactas.

La segunda actividad del alma se refiere, de manera similar, a las resoluciones del hombre. Incluso para resolver lo más insignificante, debe basarse en una deliberación fundada y comprensiva y alejar de su alma toda acción irreflexiva, todo acto insustancial. Sus actos obedecerán siempre a motivos deliberados, abstrayéndose de todo lo que no se halle así justificado.

La tercera actividad se refiere al hablar. Solo saldrá de los labios del discípulo lo que tenga sentido y significado. Puesto que el «hablar por hablar» lo aparta de su camino, evitará la conversación banal, la charla confusa y abigarrada sobre temas dispersos. Esto no quiere decir que se aleje del trato con sus semejantes, ya que precisamente en este trato sus palabras han de adquirir significado. Hablará y responderá a todos, pero pensando en lo que dice y de una manera enteramente deliberada. Nunca dirá nada sin fundamento. Tratará de no hablar ni demasiado poco ni en exceso.

La cuarta actividad del alma se refiere a la regulación de los actos externos. El discípulo trata de armonizarlos con los de sus semejantes y con los hechos de su medio ambiente. Se abstendrá de todo aquello que pueda perturbar a los demás o que esté en contradicción con lo que pasa a su derredor. Ajustará su obrar en perfecto acuerdo con el ambiente y con su situación en la vida. Cuando un móvil exterior lo lleve a actuar, examinará con cuidado los medios para responderlo mejor posible a ese móvil. Al actuar espontáneamente, pesará con la mayor precisión los efectos de sus actos.

El quinto punto consiste en la organización de toda su vida: el discípulo tratará de vivir con arreglo a las leyes del espíritu y de la naturaleza; de abstenerse por igual de la precipitación que de la indolencia; de considerarse igualmente ajeno a la actividad exagerada que a la desidia... Enfocará la vida como un medio de trabajo y se conducirá de acuerdo con esa idea; regulará el cuidado de su salud y de sus hábitos de manera tal que culminen en una existencia armoniosa.

El sexto punto se refiere a la aspiración humana: el discípulo examinará sus facultades y sus capacidades y obrará a la luz de un tal conocimiento de sí mismo; no intentará ejecutar lo que esté fuera de su alcance, pero no tratará de omitir nada que caiga dentro de sus posibilidades. Por otra parte, él mismo se fijará objetivos que concuerden con los ideales y con los altos deberes del ser humano. No se considerará, de manera irreflexiva, como una rueda del engranaje social, sino que tratará de comprender su labor, dirigiendo su mirada más allá de la vida cotidiana. Se esforzará por cumplir sus obligaciones cada vez mejor y con mayor perfección.

La séptima actividad de su alma se refiere al esfuerzo de aprender de la vida todo lo posible. Nada ha de pasar ante el discípulo sin brindarle ocasión de acumular experiencias que le sean útiles. Si se equivocó al cumplir algún deber, o lo cumplió mal, esto le dará motivo para obrar más tarde más correcta y perfectamente en casos semejantes. Y con fines análogos, contemplará las acciones de los demás. Tratará de acumular un rico tesoro de experiencias y de recurrir a él siempre con atención, y nunca hará nada sin observar retrospectivamente esas experiencias, ya que de ellas puede derivar ayuda en sus resoluciones y actos.

Por último, el octavo punto consiste en que el discípulo dirija su mirada, de vez en cuando, a su propio interior; que se ensimisme, delibere en silencio, forme y examine los principios que rigen su vida, pase revista a sus conocimientos, pondere sus deberes, reflexione sobre el contenido y el fin de la vida. Ya hemos hablado de todo esto en capítulos precedentes, aquí lo enumeramos meramente con referencia al desenvolvimiento del loto de dieciséis pétalos.

Mediante la observancia de los ejercicios mencionados, este loto se vuelve gradualmente más perfecto y su desarrollo otorga el don de la clarividencia. Cuanto mejor armonicen los pensamientos y palabras del discípulo con los hechos del mundo exterior, tanto más rápidamente se desarrolla este don. Quien piensa o dice algo que se aparta de la verdad, destruye algo en el germen del loto de dieciséis pétalos. La veracidad, la sinceridad y la lealtad son fuerzas constructivas; la mentira, la falsedad y la deslealtad son fuerzas destructivas. Y el discípulo ha de saber que no bastan las buenas intenciones, sino que se requieren actos realizados. Si pienso o digo algo contrario a la verdad, algo destruyo en mi órgano de percepción espiritual, por más excelentes que hayan sido mis intenciones. Es un caso semejante al del niño que se quema cuando intenta tocar el fuego, aunque obre por ignorancia. La ordenación de las actividades del alma en la dirección indicada permite al loto de dieciséis pétalos irradiar en colores resplandecientes, dándole un movimiento armonioso. Recordemos, sin embargo, que el don de la clarividencia aquí descrita no puede empezar a manifestarse sino cuando el desarrollo del alma ha alcanzado cierto grado; no se manifiesta este don mientras sea un esfuerzo penoso el orientar la vida en esta dirección; el discípulo no estará todavía maduro en la medida en que las actividades descritas requieran una atención particular. Solo cuando llega el momento en que ese modo de vivir se ha convertido en una segunda naturaleza aparecen los primeros gérmenes de la clarividencia. Todo lo aquí indicado no debe ser penoso, sino llegar a convertirse en algo natural. El discípulo no debe tener la necesidad de vigilarse y aguijonearse constantemente: vivir del modo descrito ha de ser una costumbre para él.

Existen ciertas instrucciones para desarrollar de manera diferente el loto de dieciséis pétalos; pero la verdadera ciencia oculta las rechaza todas, ya que conducen al quebranto de la salud física y a la ruina moral. Esas instrucciones son más fáciles de seguir que las aquí descritas, pero tan solo la observancia de éstas, por fastidiosa y penosa que sea, conduce con toda seguridad a la meta y no puede menos que vigorizar moralmente. El desenvolvimiento deformado de una flor de loto, de presentarse cierta clarividencia, no solo da lugar a ilusiones e ideas fantásticas, sino que provoca extravíos e inestabilidad en la vida ordinaria; puede causar timidez, envidia, vanidad o arrogancia, incluso en personas que antes no hayan tenido semejantes defectos. Ya hemos dicho que ocho de los dieciséis pétalos de esta flor de loto ya se habían desarrollado en un pasado remoto y que reaparecen por sí solos en el curso de la disciplina oculta. El discípulo debe concentrar todo esfuerzo en los otros ocho pétalos. De practicar incorrectamente esta disciplina, es fácil que suceda que los pétalos precedentemente desarrollados reaparezcan solos y que los nuevos queden en estado de atrofia. Esto se produce particularmente si durante la disciplina no hay lógica y sensatez en el pensar.

Es de suma importancia que el discípulo sea persona de buen discernimiento y de ideas claras. Es también importante que procure expresarse con la mayor claridad. Las personas que comienzan a vislumbrar algo de los mundos suprasensibles suelen tornarse locuaces en lo que atañe a sus visiones, y con esto detienen su evolución normal. Cuanto menos hablen de estas cosas, tanto mejor será, ya que solo los que hubiesen alcanzado cierto grado de lucidez debieran referirse a ello. Al comienzo de su entrenamiento, los discípulos acostumbran a asombrarse de la escasa «curiosidad» que los hombres espiritualmente experimentados demuestran hacia lo que explican de sus propias experiencias. Lo mejor sería que guardaran silencio absoluto sobre ellas y hablaran tan solo de la facilidad o dificultad que tienen para practicar los ejercicios o para seguir las instrucciones, porque el ya iniciado cuenta con otros medios muy diferentes a los relatos del discípulo para apreciar los progresos de éste. Esa locuacidad siempre da por resultado cierto endurecimiento de los respectivos ocho pétalos de la flor de loto de dieciséis pétalos, que debieran permanecer tiernos y flexibles. Ilustraremos nuestras palabras con un ejemplo tomado, para mayor claridad, no de la vida suprasensible, sino de la ordinaria. Supongamos que oigo una noticia e inmediatamente me formo un juicio sobre ella. Luego recibo otra noticia sobre el mismo asunto que no concuerda con la primera, lo que me obliga a modificar el juicio que ya me había formado. El resultado es una influencia perjudicial para mi loto de dieciséis pétalos. El caso habría sido completamente distinto si hubiera suspendido mi juicio sobre el asunto, tanto en pensamiento como en palabra, hasta tener datos seguros para juzgar. Así, la cautela a la hora de formar y emitir juicios se va convirtiendo de un modo paulatino en una característica peculiar del discípulo. Por otro lado, aumenta su receptividad para impresiones y experiencias que, en silencio, deja desfilar ante sí, con objeto de obtener el máximo de datos para formar su propia opinión. Esta cautela provoca matices azulado-rojizos o rosados en los pétalos de la flor de loto, mientras que, en el caso contrario, se presentan matices de rojo sombrío o anaranjado.

El loto de doce pétalos en la región del corazón se desarrolla en forma similar a la del de dieciséis pétalos. También de este loto la mitad de los pétalos existía y estaba en actividad en una etapa anterior de la evolución humana; mitad que no requiere, así pues, de un especial cultivo en la disciplina oculta: aparecen espontáneamente y comienzan a girar cuando se han cultivado los otros seis pétalos. También para favorecer este desenvolvimiento el discípulo debe orientar conscientemente y en un sentido determinado, ciertas actividades del alma.

Ahora bien, hay que comprender que las percepciones de cada uno de los sentidos espirituales o psíquicos tienen distinto carácter. Las percepciones trasmitidas por las flores de loto de doce y de dieciséis pétalos son diferentes. Esta última percibe en forma de figuras los pensamientos y la mentalidad de otras almas, así como las leyes que rigen los fenómenos de la naturaleza; pero esas figuras no son inmóviles y rígidas, sino de formas móviles, llenas de vida. El clarividente que haya desarrollado este sentido, podrá describir la forma en la cual se manifiesta cada pensamiento y cada ley de la naturaleza. Un pensamiento de venganza, por ejemplo, aparece como figura aflechada, dentada, mientras que un pensamiento amoroso muchas veces tiene la forma de una flor que se abre, etc. Los pensamientos precisos y significativos producen figuras armoniosas y simétricas; los confusos tienen contornos corrugados. El loto de doce pétalos ofrece percepciones que se pueden definir de manera aproximada como calor y frío anímicos. Un clarividente dotado de este sentido siente que de las figuras que percibe mediante el loto de dieciséis pétalos, emanan calor y frío anímico. Imaginemos un clarividente que tuviera desarrollado el loto de dieciséis pétalos, no así el de doce: percibiría un pensamiento benévolo solo bajo la forma antes descrita; en cambio, quien hubiera desarrollado ambos órganos, sentiría, además, esa emanación del pensamiento que solo puede calificarse como calor anímico. Señalaremos de paso que la disciplina oculta nunca desarrolla un órgano sin el otro, de manera que el ejemplo que hemos expuesto debe considerarse como hipotético, en aras de una mejor comprensión. Por el desenvolvimiento del loto de doce pétalos el clarividente adquiere una comprensión profunda de los fenómenos naturales. Todo cuanto es manifestación de crecimiento o de evolución desprende calor anímico, y todo cuanto está en proceso de marchitamiento, destrucción o desintegración presenta las características de frío anímico.

El desarrollo de ese sentido se fomenta de la siguiente manera: en primer lugar, el discípulo empezará por regular el curso del pensamiento, lo que se llama «dominio mental». En tanto que el loto de dieciséis pétalos requiere para su desenvolvimiento pensamientos ajustados a la verdad y que tengan un significado, el de doce pétalos se desarrolla por el dominio interior de la vida mental. Los pensamientos que vagan como fuegos fatuos y que se enlazan por concatenaciones puramente fortuitas, y no de una manera razonable y lógica, destruyen la estructura de este loto. Cuanto más se logre una sucesión normal de los pensamientos y así se evite toda digresión ilógica, tanto más adecuada será la forma que este órgano desarrolle. Cuando el discípulo oiga expresar pensamientos ilógicos, se representará inmediatamente el pensamiento correcto respectivo. Como es natural, no debe sustraerse al trato de personas tal vez carentes de lógica para así favorecer su progreso, ni tampoco sentirse impulsado a corregir cuanto de irrazonable se exprese en derredor suyo. El discípulo tratará más bien de encauzar en silencio, conforme a la lógica y la razón, los pensamientos que lo invadan desde fuera, conservando en todo momento la orientación de sus propios pensamientos.

En segundo lugar, procurará el discípulo introducir en sus actos la misma concatenación lógica, o sea, el «dominio de la acción». Toda inestabilidad, toda discordancia en el obrar, ejerce una influencia perniciosa sobre la mencionada flor de loto. Después de un acto, el discípulo regulará la siguiente acción de tal manera que sea la consecuencia lógica de la precedente: quien hoy obre de una manera y mañana de otra no desarrollará jamás la facultad descrita.

El tercer requisito es el cultivo de la perseverancia. El discípulo no se dejará desviar por influencia alguna del objetivo que se haya impuesto, en tanto que lo considere una meta acertada. Los obstáculos le servirán de estímulo y no lo apartarán de su camino.

El cuarto requisito es la tolerancia hacia los demás seres humanos, incluso hacia las circunstancias. El discípulo evitará toda crítica superflua de lo imperfecto y malo; por el contrario, tratará de comprender todo lo que hasta él llegue. Al igual que el sol que no niega su luz al malvado, así tampoco el discípulo le negará su interés comprensivo. Si le sucede algún percance, no se dejará arrastrar por juicios desfavorables, sino que aceptará lo que la necesidad le imponga y procurará transmutarlo lo mejor que pueda para que se convierta en un bien. No considerará las opiniones de los demás exclusivamente desde su propio punto de vista, sino que se esforzará por colocarse en el de ellos.

La quinta cualidad es la actitud libre de prejuicio hacia todo lo que la vida ofrezca. En este momento cabe hablar de fe y confianza, de esa confianza que el discípulo brinda a todo hombre, a toda criatura viviente, de esa confianza que satura todas sus acciones. Al referírsele algún hecho, nunca se dirá: «No lo creo porque está en contradicción con mi opinión actual»; por el contrario, siempre estará dispuesto a comprobar y rectificar su propio criterio de acuerdo con otro nuevo. Se mantendrá en actitud receptiva ante lo que hasta él llegue, y confiará en la eficacia de lo que emprenda; desterrará de su carácter la aprensión y el escepticismo. Protegerá su fe en el poder de sus intenciones: cien fracasos no pueden arrebatarle esta fe «que mueve las montañas».

La sexta cualidad es la adquisición de cierto equilibrio interno, la ecuanimidad. El discípulo se esfuerza en conservar esta ecuanimidad, tanto frente al dolor como frente a la alegría, para evitar la fluctuación entre el séptimo cielo del regocijo y las honduras de la desesperación. La desgracia y el peligro, así como la dicha y la prosperidad, lo encontrarán siempre por igual escudado.

Los lectores de la ciencia espiritual reconocerán en las seis cualidades descritas los «seis atributos» que debe desarrollar el aspirante a la iniciación. Lo que se ha pretendido es mostrar su relación con el órgano psíquico conocido como la flor de loto de doce pétalos. De nuevo es la disciplina oculta la que puede dar instrucciones especiales para que madure esta flor de loto. La perfecta simetría de su forma depende del desarrollo de las cualidades mencionadas, así como el descuido en su cultivo nos la convierte en una caricatura de lo que debe ser. En este último caso, de adquirir cierta clarividencia, dichas cualidades podrían tomar rumbo hacia el mal, en vez de hacia el bien. El estudiante podría tornarse particularmente intolerante, miedoso, misántropo; adquirir, por ejemplo, cierta sensibilidad respecto al modo de ser de otras almas, y de ahí rehuirlas u odiarlas. Su actitud puede llegar a tal grado, a causa del frío anímico que lo embarga, que sea incapaz de escuchar opiniones opuestas a la suya, o adopte frente a ellas una conducta censurable. Si a cuanto hemos dicho se añade la observación de ciertas reglas solo oralmente transmisibles del instructor a su discípulo, se acelera el desenvolvimiento de esta flor de loto. Bastan, sin embargo, las instrucciones que preceden como introducción a la genuina disciplina oculta; incluso serán útiles a quien no pueda o no quiera seguir tal disciplina, ya que siempre se dejarán sentir sus efectos sobre el organismo psíquico, aunque sea lentamente. En lo que concierne al discípulo, es indispensable el cumplimiento de estos principios, ya que si intentara introducirse en el ocultismo sin tenerlos en cuenta, penetraría en los mundos superiores con órganos deficientes, y en lugar de captar la verdad sería víctima de engaños e ilusiones. Aunque clarividente en cierto sentido, su ceguera sería, en el fondo, mayor: podía sentirse seguro en el mundo físico que le servía de base; ahora ve lo que está tras de él y, antes que el mundo superior constituya una genuina realidad, pierde toda la confianza en el mundo sensible. Corre el peligro de verse privado por completo de la capacidad de discernir lo verdadero de lo falso, y de carecer así de toda orientación en la vida. Es por esta razón que la paciencia resulta fundamental en estos casos. Siempre hay que tomar en cuenta que la ciencia oculta no puede ir en sus instrucciones más allá de lo que sea compatible con el firme propósito de desarrollar normalmente las «flores de loto», pues si llegaran a la madurez antes de haber adquirido gradualmente la forma que les corresponde, surgirían como verdaderas caricaturas de estas flores. Las indicaciones especiales de la ciencia espiritual conducen, pues, a la madurez, mientras que la forma será el resultado de las normas de conducta arriba descritas.

El desenvolvimiento de la flor de loto de diez pétalos requiere un cultivo psíquico de una índole muy delicada: el dominio consciente de las mismas impresiones sensorias. Este dominio es particularmente importante en los pasos iniciales de la clarividencia para evitar muchas ilusiones y veleidades espirituales. En general, el hombre no se da cuenta de las influencias que determinan y producen sus divagaciones y sus recuerdos. Tomemos, por ejemplo, el caso siguiente: una persona viaja en tren absorbida por un pensamiento; de súbito este pensamiento toma otra dirección; recuerda entonces alguna experiencia que le ha acontecido años atrás y enlaza este recuerdo con sus pensamientos presentes. No se ha dado cuenta de que su mirada se posó en alguien que se parecía a una persona relacionada con la experiencia que revive. No tiene conciencia de lo que ha visto; pero sí percibe el efecto e imagina que el recuerdo ha sido «espontáneo». ¡Cuántas cosas acontecen así en la vida! ¡Cómo se enlazan en nuestra vida las cosas aprendidas u oídas, sin que nuestra conciencia se dé cuenta de la asociación! Otro ejemplo: una persona no puede soportar cierto color, sin ser consciente que esto le sucede porque el maestro que la atormentaba hace muchos años vestía un traje del color que rechaza. Innumerables son las ilusiones que se basan en asociaciones de este tipo. Algunas cosas se graban en el alma sin llegar a incorporarse en la conciencia. Puede darse el siguiente caso: alguien lee en el periódico la noticia de la muerte de una personalidad conocida. Afirma ahora con plena convicción haber tenido «ayer» un «presentimiento» de esta muerte, aunque nada había visto ni oído que hubiera podido sugerirle semejante idea. Y efectivamente, es cierto que «ayer» le vino, como «espontáneamente», el pensamiento de que iba a morir esa persona. Solo que se le escapó un detalle: unas horas antes de que le viniera ese pensamiento, se encontraba de visita en casa de algún amigo, donde había un diario en la mesa, y aunque no lo leyó, sus ojos fueron a dar sobre la noticia de la grave enfermedad de la persona en cuestión. Esta impresión no llegó a su conciencia, pero tuvo como efecto el «presentimiento».

Cuando se reflexiona sobre todo esto uno puede darse cuenta de cuántas ilusiones y fantasías se derivan de ello, ilusiones y fantasías que deben absolutamente evitarse por quien pretenda desarrollar la flor de loto de diez pétalos, el órgano que permite percibir cualidades recónditas del alma. Sin embargo, esas percepciones solo son dignas de crédito si el discípulo se ha hecho inmune a tales ilusiones. Con ese objeto el discípulo debe adquirir el dominio de todo cuanto le impresiona del mundo exterior hasta el punto de poder cerrar el paso a toda impresión que no desee recibir.

Solo mediante una vida interior intensa cultiva el discípulo esta facultad, y gracias al esfuerzo de su voluntad solo podrán causarle impresión los objetos sobre los que enfoque su atención, a la vez que logrará sustraerse a toda impresión que intencionalmente no busque. No verá más que lo que quiera ver, y aquello hacia lo cual no dirija su atención dejará efectivamente de existir.

Cuanto más vivido e intenso se vuelva el trabajo interior del alma, tanto mayor será ese poder, tanto mayor será la capacidad de evitar que su ojo y su oído vaguen sin rumbo, que solo existan para él los objetos hacia los cuales dirija sus sentidos. Practicará el poder de no oír nada, aun en medio del mayor barullo, si no quiere oír; hará que sus ojos sean insensibles a los objetos que no mire intencionalmente, es decir, acorazará su alma contra toda impresión no consciente. Es en este sentido que el discípulo deberá dedicar especial esmero a su vida cogitativa: escogerá un pensamiento determinado procurando que no se vinculen con él más pensamientos que los que él desee asociar de un modo consciente y voluntario. Rechazará las divagaciones fortuitas y, antes de enlazar un pensamiento con otro, investigará cuidadosamente de dónde procede este último. Irá todavía más lejos: cuando, por ejemplo, sienta cierta antipatía con respecto a no importa qué cosa, se empeñará en combatirla y establecer una relación consciente con el objeto en cuestión. De esta manera, los elementos inconscientes que invaden su alma van disminuyendo progresivamente. Solo mediante esta autodisciplina rigurosa, la flor de loto de diez pétalos irá adquiriendo la forma que debería tener.

La vida interior del discípulo ha de ser una vida de atención y hay que saber alejar todo aquello a lo cual no se quiere o no se debe prestar atención. Cuando a la autodisciplina se le añade la meditación, conforme a las instrucciones de la ciencia espiritual, se ve madurar de manera normal la flor de loto en la región del epigástrico, y lo que antes se percibía tan solo como forma y calor mediante los sentidos espirituales citados, aparece ahora espiritualmente luminoso y coloreado. Así se revelan, por ejemplo, las dotes y facultades de las almas, así como las fuerzas y los atributos ocultos de la naturaleza. El aura coloreada de los seres vivientes se torna visible, y todo lo que nos rodea nos revela sus cualidades anímicas. Debe tenerse en cuenta que es precisamente en esa etapa de la evolución donde se requiere el mayor esmero, dado el intensísimo juego de los recuerdos no conscientes. De no ser así, muchos poseerían tal sentido, ya que surge casi inmediatamente después que el hombre domina en verdad las impresiones de sus sentidos hasta el punto de someterlas por completo a su atención o rechazo. Este sentido psíquico solo permanece inactivo mientras el poder de los sentidos físicos lo ensordece y embota.

El cultivo de la flor de loto de seis pétalos, situada en el centro del cuerpo ofrece más dificultades que el de la anterior, por requerir la completa supeditación del hombre a la conciencia del Yo, de modo que cuerpo, alma y espíritu formen un conjunto de perfecta armonía. Las funciones del cuerpo, las inclinaciones del alma, los pensamientos y las ideas del espíritu, deben hallarse en completa consonancia. El cuerpo debe ser ennoblecido y purificado de manera que sus órganos solo tiendan a lo que esté al servicio del alma y del espíritu; el alma no debe ser impulsada por apetitos y pasiones corporales antagónicas al pensar puro y noble; el espíritu, por su parte, no debe tener necesidad de imponer al alma mandatos y leyes como un amo hacia su esclavo; es el alma quien aprende a obedecerlas por su propia y libre inclinación. El discípulo no considerará el deber como una imposición a la que se supedite a pesar suyo, sino como algo que practica porque lo ama. Dirigirá su alma hacia la libertad, y mantendrá el equilibrio entre lo sensual y lo espiritual. Debe sentirse libre de entregarse a las funciones de los sentidos porque éstos se hallarán suficientemente depurados para que no puedan envilecerlo; no tendrá necesidad de refrenar sus pasiones, en tanto que ellas, por sí mismas, se orientan hacia el bien. Mientras el hombre tenga necesidad de mortificarse, no podrá alcanzar ciertos grados de la disciplina oculta, ya que, para ella, una virtud lograda por represión carece de valor; mientras subsista un apetito, se verá perturbado el desarrollo oculto, incluso en el caso de que el discípulo no lo satisfaga. Es indiferente que el deseo ataña al cuerpo o al alma. Si, por ejemplo, alguien se priva voluntariamente de determinado estimulante con el fin de purificarse por la privación del goce, esto solo le será útil si su salud no se afecta por esta abstinencia. Si sufre, demuestra que el cuerpo requiere ese estimulante y entonces la privación carece de valor. En tal caso, muy bien puede ocurrir que tenga que renunciar momentáneamente a su anhelado ideal y esperar a que se presenten condiciones más favorables respecto de las disposiciones de su cuerpo y de su alma, quizá hasta una vida futura. En ciertos casos es mucho más meritorio renunciar sabiamente que ansiar un objetivo que en las circunstancias del caso está fuera del alcance. Tal renuncia razonable es más beneficiosa para la evolución que la actitud opuesta. El desarrollo de la flor de loto de seis pétalos permite la comunicación con seres que pertenecen a mundos superiores, siempre y cuando su existencia se manifieste en el mundo anímico.

La disciplina oculta no recomienda, sin embargo, el desenvolvimiento de este loto con anterioridad a que el discípulo haya avanzado lo bastante en el sendero como para permitirle elevar su espíritu a un mundo todavía superior. La entrada en el mundo espiritual propiamente dicho deberá acompañar siempre el cultivo de las flores de loto, ya que, en caso contrario, el discípulo podría caer en confusión e incertidumbre. Aprendería a ver, en efecto, pero carecería de la facultad de juzgar correctamente lo visto. Ahora bien, la posesión de las cualidades necesarias para el desenvolvimiento del loto de seis pétalos constituye ya cierta garantía contra la confusión y la inestabilidad, pues no será fácil arrastrar al error a quien haya alcanzado el perfecto equilibrio entre la sensualidad (*cuerpo*), la pasión (*alma*) y la idea (*espíritu*). Sin embargo, hace falta algo más que esta garantía cuando, por el desenvolvimiento del loto de seis pétalos, el hombre llegue a percibir seres que pertenecen a un mundo por completo diferente del que conocen sus sentidos físicos. No le basta el desarrollo de las flores de loto para adquirir la seguridad necesaria en tales mundos; necesita otros órganos más elevados. Trataremos ahora del cultivo de estos órganos; después consideraremos las otras flores de loto, así como la organización ulterior del cuerpo anímico.

El desarrollo del cuerpo anímico permite al hombre percibir fenómenos suprasensibles, pero aquel que quiera orientarse de veras en ese mundo no debe detenerse en este estado evolutivo. No es suficiente la mera movilidad de las flores de loto; el hombre debe ser capaz de regular y vigilar, por sí solo y en plena conciencia, el movimiento de sus órganos espirituales. De lo contrario se convertiría en juguete de energías y potencias que actúan sobre él desde el exterior. A fin de evitarlo, ha de adquirir la facultad de oír lo que se llama «palabra interna», lo que significa desenvolvimiento no solamente del cuerpo anímico, sino también del etéreo, ese organismo sutil aparece al clarividente como una especie de doble del cuerpo físico y que podría considerarse como un eslabón entre el cuerpo físico y el anímico. Quien está dotado de facultades clarividentes tiene la posibilidad de hacer completa abstracción del cuerpo físico de una persona. Esto corresponde, en un plano superior, a un ejercicio de atención en un plano inferior. Al igual que una persona puede desviar su atención de un objeto ante sí hasta que éste deje de existir para ella, también puede el clarividente hacer abstracción de un cuerpo físico hasta el grado de que llegue a serle físicamente transparente. Aplicando este poder ante una persona solo queda visible para el ojo psíquico el llamado cuerpo etéreo y, además, el cuerpo anímico, que sobrepasa y compenetra los otros dos. El cuerpo etéreo es aproximadamente del mismo tamaño y forma que el físico; ocupa, pues, más o menos el mismo espacio que éste. Es una estructura de una organización sumamente delicada y sutil, con un color básico diferente de los siete colores del arco iris. El que pueda percibirlo conocerá un color que propiamente no existe para el ojo físico y que, más o menos, podría compararse con el de la flor recién abierta del durazno. Si queremos limitarnos exclusivamente al cuerpo etéreo, hemos de eliminar del campo de observación igualmente al cuerpo anímico mediante un ejercicio de atención análogo al descrito anteriormente, pues de lo contrario sufriría el cuerpo etéreo constante alteración a causa de su interpenetración con el cuerpo anímico.

Ahora bien, las partículas del cuerpo etéreo están, en el ser humano, en continuo movimiento, pues innumerables corrientes circulan en todos sentidos. Estas corrientes mantienen y regulan la vida. Todo cuerpo que tiene vida, incluso las plantas y los animales, posee cuerpo etéreo. Hasta en los minerales puede el observador atento descubrir rudimentos de él. En un principio, estas corrientes y estos movimientos escapan por completo a la voluntad y a la conciencia humana, de la misma manera que en el cuerpo físico las funciones del corazón o del estómago son independientes de la voluntad, y persiste esta independencia en tanto que el hombre no se dedique a desarrollarse con miras a la adquisición de facultades suprasensibles, pues la evolución superior consiste precisamente, en determinada etapa, en agregar a las corrientes y los movimientos del cuerpo etéreo.

Cuando la disciplina oculta llega al punto en el que comienzan a girar las flores de loto descritas en los párrafos precedentes, mucho ha logrado el discípulo para despertar en su cuerpo etéreo ciertas corrientes y movimientos bien definidos. Esta disciplina da lugar a la formación de una especie de centro en la región cardíaca física, de donde irradian corrientes y movimientos en múltiples variedades de colores y formas. Este centro, en realidad, no es un mero punto, sino una estructura muy compleja, un órgano prodigioso. Brilla y centellea espiritualmente en los más diversos matices de colores, desplegando formas de gran regularidad y rápida transformación. Otras formas y corrientes cromáticas parten de este órgano hacia las demás partes del cuerpo, las trascienden y saturan e iluminan todo el cuerpo astral. Las corrientes más importantes fluyen hacia las flores de loto; circulan por todos los pétalos y regulan su rotación, luego escapan por los extremos de los mismos y se pierden en el espacio exterior. Cuanto más evolucionado está un hombre, tanto mayor es la circunferencia hasta la que se propagan estos rayos.

La flor de loto de doce pétalos tiene una estrecha conexión con este centro. Fluyen hacia él directamente las corrientes, lo atraviesan y, por un lado, se dirigen a los lotos de dieciséis y de dos pétalos, y por el otro lado a los de ocho, seis y cuatro pétalos. Debido a esto hay que tener sumo cuidado en el desarrollo de la flor de loto de doce pétalos, pues cualquier negligencia daría origen a una formación irregular de todo este sistema orgánico. Lo que antecede da una idea de cuán delicada e íntima es la disciplina oculta y con cuánta exactitud hay que proceder para que todo se desarrolle normalmente. Es también de comprender que solo podrá dar instrucciones para el desarrollo de las facultades suprasensibles quien haya experimentado por sí mismo lo que se proponga cultivar en otro, y quien se encuentre plenamente capacitado para darse cuenta de si sus indicaciones producen los resultados correctos.

Si el discípulo cumple las instrucciones que se le han dado, introduce en su cuerpo etéreo corrientes y movimientos que están en armonía con las leyes y la evolución del mundo al cual pertenece el ser humano. De ahí que estas instrucciones siempre sean como un trasunto de las grandes leyes de la evolución cósmica. Corresponden a los ejercicios de meditación concentración y otros similares que, practicados como es debido, producirán los efectos descritos. En ciertas ocasiones, el discípulo debe dejar que estas instrucciones saturen su alma de contenido, para que interiormente se sienta en plenitud impregnado de él. Al principio se eligen temas sencillos, apropiados, sobre todo, para intensificar y concentrar el pensar sensato y razonado. De este modo, el pensar se emancipará de toda impresión o experiencia sensoria, concentrándose como en un punto, que quedará bajo el dominio completo del hombre. Así se forma un centro provisional para las corrientes del cuerpo etéreo. Este centro no está todavía en la región del corazón, sino en la cabeza, en donde se presenta al clarividente como el punto de partida de movimientos y corrientes. Solo una disciplina oculta que empiece por formar este centro tendrá completo éxito, pues si se despertara desde el principio en la región del corazón, el neófito, aunque indudablemente podría lograr ciertos destellos de los mundos superiores, no sería en verdad capaz de comprender las relaciones entre los mundos superiores y el de nuestros sentidos, y esta comprensión representa un requisito *sine qua non* para el hombre en su actual fase evolutiva. El clarividente jamás debe convertirse en iluso ni dejar de pisar terreno firme.

El centro existente en la cabeza, una vez suficientemente consolidado, será trasladado hacia abajo, hacia la región de la laringe, lo que se consigue mediante otros ejercicios de concentración. Como resultado, las corrientes del cuerpo etéreo partirán de esa región e iluminarán el espacio astral que rodea al hombre.

La práctica constante de estos ejercicios capacita al discípulo para determinar por sí mismo la posición de su cuerpo etéreo. Antes, esta posición dependía de las fuerzas procedentes del exterior o emitidas por el cuerpo físico, pero mediante un desarrollo posterior el hombre puede dirigir su cuerpo etéreo hacia todos lados, facultad que se desarrolla gracias a las corrientes que circulan aproximadamente a lo largo de las manos, partiendo del loto de dos pétalos situado en la región de los ojos. Todo esto es posible gracias a que las radiaciones procedentes de la laringe asumen formas redondas, parte de las cuales fluye hacia el loto de dos pétalos desde donde se propagan, en ondulantes corrientes, a lo largo de las manos. En proceso posterior estas corrientes se subdividen y ramifican en la forma más delicada, entrelazándose para formar algo así como un tejido que circunda al cuerpo etéreo como si fuera una malla. Hasta ese momento el cuerpo etéreo no estaba cerrado al mundo exterior, por lo que las corrientes de vida procedentes del océano universal entraban y salían directamente; pero ahora, estas corrientes externas deberán pasar a través de esa membrana. Así, el hombre se vuelve sensible a estas corrientes externas, las percibe. Ha llegado ya el momento de dar a todo este sistema de corrientes y movimientos su centro en la región del corazón, lo que se logra también mediante la continuación de los ejercicios de concentración y meditación.

Alcanzada esta etapa, el estudiante recibe el don de la palabra interior y a partir de ese instante todo adquiere para él un nuevo significado. Todas las cosas, por decirlo así, se tornan espiritualmente audibles y le hablan de su esencia íntima. Las corrientes anteriormente descritas le ponen en relación con el ser interior del universo del que forma parte. Su vida comienza a entrelazarse con la vida de su medio ambiente y puede dejar que después resuene en los movimientos de sus flores de loto.

Así, el hombre penetra en el mundo espiritual, de donde adquiere una nueva comprensión de todo cuanto han dicho los grandes instructores de la humanidad. Las prédicas del Buda, y los Evangelios, por ejemplo, causan un efecto distinto en él, impregnándolo de una felicidad insospechada hasta entonces, porque la vibración de las palabras allí contenidas sigue los movimientos y los ritmos que él mismo desarrolló dentro de sí. Por propia e inmediata experiencia sabe que hombres tales como el Buda o los Evangelistas, no expresan sus revelaciones personales, sino aquellas que les infundió la esencia íntima de las cosas. Señalemos aquí un hecho que se nos hace inteligible solo por lo que antecede. Las personas de nuestra actual etapa evolutiva no captan las muchas repeticiones en las máximas del Buda; en cambio, para el discípulo de la ciencia oculta llegan a ser una fuerza sobre la que gustoso reposa sus sentidos internos, pues corresponden a ciertos movimientos rítmicos del cuerpo etéreo. La devota entrega a ellas, en completa quietud interior, crea una armonía con tales vibraciones, y como ellas son a su vez trasunto de ciertos ritmos cósmicos que en ciertos puntos también se repiten y periódicamente vuelven a modos anteriores, el individuo que presta oído a las palabras del Buda une su vida a la de los misterios cósmicos.

La ciencia espiritual define cuatro cualidades que el hombre debe adquirir en el llamado «sendero de prueba» para elevarse al conocimiento superior: la primera es la facultad de discernir lo real de lo aparente y la verdad de la mera opinión. La segunda cualidad es la apreciación debida de lo verdadero y de lo real frente a la simple apariencia. La tercera consiste en la práctica de los seis atributos ya descritos en las páginas precedentes: dominio del pensamiento, dominio de la acción, perseverancia, tolerancia, fe y ecuanimidad. La cuarta corresponde al amor a la libertad interna.

Una comprensión meramente intelectual de lo inherente a estas cualidades no es de la menor utilidad; deben ser incorporadas al alma, de modo que formen la base de hábitos internos. Tomemos, por ejemplo, la primera cualidad: el discernimiento entre lo real y lo aparente. El hombre tiene que disciplinarse hasta el punto de discernir siempre espontáneamente, en todo objeto que se le presente, los elementos secundarios y los que tienen significación e importancia. Solo puede lograr esto si con completa calma y paciencia renueva estas tentativas en cada observación del mundo exterior. Al final, la vista se posa con toda naturalidad en lo verdadero, tal como antes se contentaba con lo accidental. «Todo lo perecedero solo es parábola»: verdad que se convierte en convicción palmaria del alma. Otro tanto se puede decir con respecto a las otras tres cualidades.

Ahora bien, estos cuatro hábitos psíquicos producen, efectivamente, una transformación del delicado cuerpo etéreo humano. El primero, o sea, el discernimiento entre lo real y lo aparente, crea en la cabeza el referido centro y prepara el centro de la laringe. El auténtico desarrollo de este centro requiere, naturalmente, los ejercicios de concentración arriba descritos: éstos preparan las flores de loto, en tanto que los cuatro hábitos las hacen madurar. Una vez preparado el centro en la región de la laringe, la apreciación correcta de lo verdadero frente a la apariencia accidental da por resultado el dominio libre del cuerpo etéreo, así como su revestimiento y delimitación por la malla mencionada. Si el hombre adquiere esta facultad estimativa, paulatinamente se le tornan perceptibles las realidades espirituales; pero no se crea que solo poseerán valor actos que parezcan significativos conforme a un criterio puramente intelectual: la acción más trivial, lo más insignificante, tiene algo de importante dentro de la gran economía cósmica, y se trata precisamente de adquirir la conciencia de esta importancia. Lo esencial es una apreciación correcta y no un menosprecio de lo que corresponde a la vida cotidiana. Las seis virtudes que componen la tercera cualidad ya han sido tratadas anteriormente; guardan relación con el desenvolvimiento del loto de doce pétalos en la región del corazón y, como ya indicamos, es a este centro a donde debe dirigirse la corriente vital del cuerpo etéreo. La cuarta cualidad, o sea el anhelo de liberación, sirve para hacer madurar el órgano etéreo que está junto al corazón, y una vez transformada esta cualidad en hábito del alma, el hombre se libera de todo lo que se deriva exclusivamente de sus facultades personales; deja de considerar las cosas desde su punto de vista particular; desaparecen los estrechos límites de su propio ser que lo encadenaban a este punto de vista, y se revelan a su yo interno los misterios del mundo espiritual. He aquí la liberación, ya que aquellas cadenas obligaban al hombre a valorar cosas y seres de acuerdo con su peculiar característica personal. El discípulo tiene que emanciparse de este modo personal de considerar las cosas.

De lo que antecede claramente se deduce que las instrucciones impartidas por la ciencia oculta ejercen una influencia determinante hasta en lo más íntimo de la naturaleza humana. De esta índole son las instrucciones que se refieren a las cuatro cualidades, en una u otra forma encontradas en todas las concepciones del mundo que tienen en cuenta el mundo espiritual. Los fundadores de semejantes concepciones no han dado a la humanidad esas enseñanzas partiendo de un vago sentimiento, sino en virtud de ser grandes iniciados. Basándose en su experiencia espiritual formularon sus preceptos morales, pues sabían cómo actúan éstos sobre los elementos sutiles de la naturaleza humana y deseaban que sus adeptos desarrollaran gradualmente esa naturaleza más sutil. Vivir de acuerdo con tales concepciones del mundo significa trabajar por el propio perfeccionamiento espiritual, único camino para que el hombre pueda servir al universo. La propia perfección en ningún sentido es medro personal, ya que el hombre imperfecto es un servidor imperfecto de la humanidad y del mundo, mientras que cuanto más perfecto sea el hombre, tanto mejor sirve al conjunto: «Si la rosa es bella, embellece al jardín».

De ahí que los fundadores de las grandes cosmogonías sean grandes iniciados. Lo que de ellos emana se difunde en las almas humanas y de este modo, junto con la humanidad, avanza el mundo entero. Los iniciados han trabajado conscientemente para intensificar este proceso de la evolución humana y el contenido de sus enseñanzas solo puede ser comprendido si se tiene en cuenta que se derivan del conocimiento de los ámbitos recónditos de la naturaleza humana. Los iniciados eran seres humanos con facultades cognoscitivas muy desarrolladas que dieron forma a los ideales de la humanidad basándose en su propia experiencia espiritual; el hombre se acerca a ellos, a estos grandes guías, cuando, por propio desarrollo, se eleva hasta su altura.

Al iniciarse el desarrollo del cuerpo etéreo del hombre, se abre ante él una vida completamente nueva, y la disciplina oculta debe brindarle, a su debido tiempo, las explicaciones que le capaciten para adaptarse a esa nueva existencia. El loto de dieciséis pétalos, por ejemplo, le permite percibir espiritualmente figuras de un mundo superior; después tiene que darse cuenta de que estas figuras son distintas según los objetos o seres que las han engendrado. Lo primero que alcanza a comprobar es que sus propios pensamientos y sentimientos ejercen sobre algunas de estas figuras una intensa influencia; sobre otras, una más leve, y sobre algunas, ninguna. Cierto género de figuras se modifica inmediatamente si al contemplarlas el observador piensa: «Esto es bello», y durante su observación se desvía hacia: «Esto es útil».

Una característica singular de las formas procedentes de minerales o de objetos artificiales es que se transforman bajo la influencia de todo pensamiento o sentimiento que el observador les dirija. Es menor en las formas pertenecientes a plantas y todavía menor en las correspondientes a animales. Estas figuras también tienen movilidad y vida, movilidad que se debe solo en parte a la influencia de los sentimientos y pensamientos humanos; en otros aspectos es provocada por causas más allá de la influencia humana.

Ahora bien, dentro de este mundo se presenta una especie de formas que, al principio, se sustrae casi por completo a la influencia humana. El discípulo puede estar convencido de que estas formas no proceden de los minerales, ni de los objetos artificiales, ni tampoco de las plantas o de los animales. Para lograr una completa comprensión, debe detenerse ante las formas que le consta que han sido engrandadas por sentimientos, instintos y pasiones de otros seres humanos, y podrá darse cuenta de que, incluso sobre ellas, ejercen influencia sus pensamientos y sus sentimientos, aunque sea relativamente poca. Dentro del mundo de estas formas quedará, así pues, cierto remanente, sobre el cual tal influencia es infinitamente pequeña. El neófito poco es lo que puede percibir más allá de este remanente, y tan solo por la observación de sí mismo puede obtener datos sobre su naturaleza. Aprenderá entonces cuáles son las formas que él mismo produce, ya que su voluntad, sus deseos, etc., se expresan a través de estas formas. Un instinto que more en él, un deseo que lo llene, una intención que abrigue, todo ello se manifiesta en tales formas: de hecho, todo su carácter se manifiesta en tal mundo de formas. Así, mediante sus pensamientos y sentimientos, puede el hombre influir conscientemente sobre todas las formas que no procedan de él mismo; en cambio, deja de ejercer influencia, una vez creadas, sobre aquellas que, mediante su propio ser, nacieron en el mundo superior.

De lo dicho se deduce que la vida interior humana, los instintos, deseos y representaciones del hombre, aparecen en un plano superior como figuras externas, al igual que los demás objetos y seres. Para la cognición superior, el mundo interior se convierte en parte del mundo exterior. Del mismo modo que en el mundo físico, si estamos rodeados de espejos, podemos contemplar la forma de nuestro cuerpo, asimismo, en el mundo superior, la entidad psíquica del hombre se le aparece como una imagen refleja.

En esta fase de su desarrollo, el discípulo se halla en condiciones de trascender la ilusión que se debe a la limitación de su personalidad. Puede observarse a sí mismo como mundo exterior en la misma forma en que antes consideraba exterior todo lo que afectaba a sus sentidos. Así aprende, por gradual experiencia, a tratarse a sí mismo como anteriormente trataba a los seres que le rodeaban. Si el estudiante obtuviera la visión de los mundos espirituales sin la suficiente preparación respecto a su naturaleza, se hallaría observando la estampa de su propia alma como un enigma. Allí le aparecen las imágenes de sus propios deseos y pasiones como figuras de forma animal o, algunas veces, de forma humana. Aunque las formas animales de ese mundo no son completamente iguales a las del físico, no dejan de tener cierta semejanza. Ahora bien, al entrar en él, hay que adquirir una manera de juzgar completamente nueva, ya que las cosas realmente pertenecientes a la naturaleza interior del hombre, además de presentársele como mundo exterior, aparecen como imágenes invertidas, reflejos de lo que son en realidad. Al percibir, por ejemplo, un número, hay que leerlo invertido como imagen reflejada en un espejo; 265 se convertiría en 562. Una esfera se percibe como si el observador estuviera en su centro, perspectiva central que luego debe someterse a una transformación adecuada. Del mismo modo aparecen como en un espejo las cualidades del alma. Un deseo hacia un objeto exterior se nos presenta como una imagen que se mueve hacia la persona misma que abriga ese deseo y las pasiones que residen en la parte inferior de la naturaleza humana pueden asumir la forma de animales u otras figuras semejantes lanzadas sobre el individuo. En realidad, estas pasiones tienden hacia lo externo buscando en él su satisfacción; pero esta tendencia hacia afuera se manifiesta, en su imagen refleja, bajo forma de un ataque contra el individuo que las posee.

Si el discípulo, antes de elevarse a la visión superior, ha llegado a ser consciente de sus propias cualidades mediante una observación reposada y sincera de sí mismo, en el momento en que se enfrenta con su ser interno como imagen refleja exterior, logrará el valor y la fuerza necesarios para conducirse como corresponda. Quienes no han logrado conocerse suficientemente mediante la propia investigación, no se reconocerán en su imagen refleja y la considerarán una realidad ajena, o tal vez se sientan intimidados por lo que ven e, incapaces de soportarlo, se engañen tratando de persuadirse de que todo ello no es sino un engendro de la fantasía que a nada conduce. En ambos casos, el hecho de haber alcanzado prematuramente la persona en cuestión cierto grado de desarrollo, obstruirá fatalmente su progreso. Conque resulta indispensable que el discípulo experimente este aspecto espiritual de su propio yo antes de avanzar en planos superiores. Así, si se ha dado cuenta plenamente de la naturaleza de su propia personalidad en el mundo físico, podrá compararla con la imagen de esta personalidad, que es lo primero que se le presenta en el mundo superior. Podrá relacionar lo superior con algo ya conocido, al tener un punto de apoyo en tierra firme. De lo contrario, cualesquiera que fueren los seres espirituales que se le presentasen, se encontraría incapaz de descubrir su naturaleza y esencia y pronto sentiría hundirse el suelo bajo sus pies. Por lo tanto, nunca se insistirá lo bastante en que el seguro acceso al mundo superior es el que se logra por medio del conocimiento y de la genuina apreciación de la propia personalidad.

Así pues, lo primero que el discípulo encuentra en su ascenso al mundo superior son imágenes espirituales, ya que la realidad que corresponde a tales imágenes se halla dentro de él mismo. El discípulo debe, por tanto, haber llegado a cierto grado de madurez para conformarse por lo pronto con estas imágenes y no ansiar una percepción inmediata de las realidades mismas. Dentro de este mundo de imágenes pronto encontrará, sin embargo, algo completamente nuevo. Su yo inferior se le presenta como imágenes reflejas, pero de ellas ha de surgir la verdadera realidad de su Yo superior. Destacándose de la imagen de la personalidad inferior se hace visible la forma del Yo espiritual, y es solo de este último de donde parten los hilos que se entretejen con otras realidades espirituales superiores.

Ha llegado entonces el momento de utilizar el loto de dos pétalos, situado en la región de los ojos. Cuando éste comienza a agitarse el hombre encuentra la posibilidad de poner en contacto su Yo superior con seres espirituales superiores. Las corrientes que parten de esa flor de loto se dirigen hacia las entidades superiores en forma tal, que el hombre tiene completa conciencia de los movimientos respectivos. Del mismo modo que la luz hace visibles los objetos físicos, así también esas corrientes tornan visibles a los seres espirituales de los mundos superiores.

Ahondando las verdades fundamentales derivadas de la ciencia espiritual, el discípulo aprende a poner en movimiento y a dirigir las corrientes de la flor de loto situada entre los ojos. En esta fase del desarrollo se comprueba, ante todo, el valor de un criterio sano y la disciplina del pensamiento claro y lógico. Basta considerar que el Yo superior del hombre, latente en él en estado germinativo e inconsciente, nace entonces a la existencia consciente. No se trata de algo meramente metafórico, sino de un nacimiento efectivo en el mundo espiritual y el ser que nace, el Yo superior, debe entrar en el mundo provisto los órganos y aptitudes para poder vivir. Así como la naturaleza cuida de que el niño nazca con oídos y ojos bien dispuestos, así también las leyes de la evolución individual se preocupan de suministrar al Yo superior las capacidades para que entre en la existencia. Las leyes que rigen el desarrollo de los órganos superiores del espíritu no son otras que las sanas leyes de la razón y la moral de nuestro mundo terrenal. Igual que el niño madura en el seno de la madre, así también el hombre espiritual madura dentro de su entidad corpórea; y del mismo modo que la salud del niño depende del normal funcionamiento de las leyes naturales en el seno de la madre, así también la salud del hombre espiritual está condicionada por las leyes del sentido común y de la razón que obran en la vida física. Nadie puede dar a luz a un Yo superior sano si no vive y piensa sanamente en el mundo físico; la base de todo desarrollo espiritual genuino es una vida en armonía con las leyes de la naturaleza y de la razón. Tal como el niño vive ya en el seno de la madre de acuerdo con las leyes naturales, no perceptible a sentidos hasta después de su nacimiento, así también el Yo superior del hombre vive ya con arreglo a las leyes del mundo espiritual durante la existencia física. Y lo mismo que el niño, impulsado por un vago instinto vital, asimila las necesarias energías, así también puede el hombre asimilar las energías del mundo espiritual antes de nacer su Yo superior. De hecho, ha de ser así si éste ha de entrar al mundo como un ser completamente desarrollado. Sería un error decir: «No puedo aceptar las enseñanzas de la ciencia espiritual antes de convertirme en vidente»; pues sin profundizar en los resultados de la investigación espiritual no existe perspectiva alguna de adquirir un genuino conocimiento superior. Sería como si un niño, durante su gestación, rechazara las energías que le transmite su madre y pretendiese esperar hasta obtenerlas por sí mismo. Tal como el embrión infantil aprecia, mediante su sentido vital, lo que se le ofrece, así también puede apreciar la verdad de las enseñanzas de la ciencia espiritual aquel que no haya alcanzado la clarividencia. Aun antes de percibir las realidades espirituales, ya puede existir una comprensión de estas enseñanzas, basada en el sentimiento de la verdad y en un juicio claro, sano y circunspecto. Hay que empezar por estudiar las enseñanzas esotéricas precisamente como preparación para la clarividencia; de lo contrario, es decir, si se logra sin esta base, sería comparable a un niño que naciera con ojos y oídos, pero sin cerebro: todo un mundo de colores y sonidos se desplegaría ante él, pero no sabría qué hacer con ellos.

Lo que el hombre comprendía antes mediante su sentido de la verdad, su intelecto y su razón, todo esto se vuelve experiencia propia para él en esta etapa del discipulado; tiene conocimiento inmediato de su Yo superior y comprende que éste se halla conectado con entidades espirituales más elevadas con las que constituye un todo unido. Se dará cuenta de que su yo inferior tiene su origen en un mundo superior, se le revelará que su naturaleza superior sobrevive a la inferior, y sabrá distinguir lo perecedero de lo permanente en él, es decir, llegará a comprender, por propia experiencia, la doctrina de la encarnación del Yo superior en el inferior. Comprenderá claramente que él es parte de un complejo espiritual y que sus cualidades y destinos dependen de esta integración. Aprenderá a conocer la ley de su vida, su karma; se dará cuenta de que su yo inferior, tal como integra su vida en el presente, no es sino una de las múltiples configuraciones que el superior puede adoptar, y verá ante sí la posibilidad de actuar sobre él desde su Yo superior hacia un grado de perfección cada vez más alto. Ahora podrá discernir también las diferencias que existen entre los hombres en relación con su grado de perfeccionamiento; darse cuenta de que hay seres superiores que ya han alcanzado los grados que todavía se yerguen ante él; comprender que las enseñanzas y actos de tales hombres proceden de la inspiración de un mundo superior. El discipulado debe este conocimiento a su primer vislumbre personal de ese mundo, y los llamados «grandes iniciados de la humanidad» empiezan a adquirir realidad para él.

He aquí los dones que obtiene el discípulo en esta fase de su desarrollo: íntimo conocimiento de su Yo superior; captación de la doctrina de la encarnación de este Yo superior en uno inferior; penetración de las leyes que regulan la vida en el mundo físico de acuerdo con sus conexiones espirituales, esto es, la ley del karma; y, finalmente, interna comprensión de la existencia de los grandes iniciados. Cuando el discípulo ha alcanzado este grado se dice que se desvanecido toda duda. Su fe anterior, basada en la razón y en el sano pensar, queda reemplazada por un pleno saber y comprensión que nada puede quebrantar.

Las religiones, en sus ceremonias, sacramentos y ritos, han presentado trasuntos exteriormente visibles de acontecimientos y seres espirituales superiores. Solo quienes no hayan penetrado todavía las profundidades de las grandes religiones podrán desconocer este hecho. Mas aquel que tenga una percepción personal de la realidad espiritual comprenderá el significado de aquellos cultos exteriormente visibles. El mismo servicio religioso será entonces para él un trasunto de su propia comunión con el mundo espiritual.

He tratado de mostrar cómo el discípulo, por el ascenso de nivel, se convierte realmente en un ser humano nuevo. Gracias a una progresiva madurez puede ahora alcanzar la facultad de dirigir, mediante las corrientes de su cuerpo etéreo, el elemento vital propiamente superior, y así emanciparse en alto grado de su cuerpo físico.

TRANSFORMACIÓN DE LA VIDA DE LOS SUEÑOS

Un indicio de que el discípulo ha alcanzado, o está a punto de alcanzar, el grado de evolución descrito en el capítulo anterior, es el cambio que se produce en la vida de sus sueños. Mientras que antes de esta etapa los sueños eran confusos y caprichosos, ahora comienzan a tener un carácter ordenado.

Las imágenes empiezan a eslabonarse de forma razonable, tal como sucede con las representaciones de la vida cotidiana, pudiendo discernirse en ellas causas y efectos. El contenido mismo de los sueños se va igualmente modificando: en tanto que anteriormente solo se percibían reminiscencias de la vida diurna, impresiones transformadas del medio circundante o de sus propias condiciones físicas, ahora surgen imágenes de un mundo antes desconocido. Al principio no se altera el carácter general de la vida de los sueños, es decir, éstos siguen distinguiéndose de las representaciones de la vigilia por la peculiaridad de que manifiestan simbólicamente lo que quieren expresar. Ningún observador atento dejará de notar este carácter simbólico de los sueños. Por ejemplo, uno sueña haber cogido un animal repugnante y siente en la mano una sensación desagradable; al despertar, descubre que la mano estrechaba una punta de la colcha; una percepción no se presenta en toda su realidad, sino por medio de una imagen simbólica; o quizá uno sueña que huye de un perseguidor, sobrecogido de miedo, y al despertar advierte que durante el sueño tuvo un exceso de palpitaciones; una digestión pesada engendra también sueños inquietantes. De la misma manera, lo que ocurre en torno al durmiente se refleja simbólicamente en sus sueños: un reloj que da la hora puede evocar la imagen de un desfile de soldados marchando al son del tambor; una silla que cae puede dar origen a todo un drama soñado, en el que el ruido producido por la caída se refleja como un disparo, y así podríamos continuar. También el sueño ordenado del discípulo cuyo cuerpo etéreo empieza a desarrollarse retiene este modo simbólico de expresión, pero dejará de reflejar meramente los hechos del medio ambiente material y del propio cuerpo físico, pues conforme vayan regulándose los sueños motivados por estas últimas causas, se entremezclarán en ellos imágenes que expresan objetos y situaciones de otro mundo: he aquí las primeras experiencias más allá de la conciencia ordinaria.

Sin embargo, ningún verdadero ocultista tomará las experiencias transmitidas por el sueño como base de información fidedigna. Éstas deberán simplemente considerarse como presagios de un desarrollo superior. Pronto, y como resultado, los sueños del discípulo dejarán de sustraerse a la juiciosa dirección de la razón; por el contrario, ésta los regulará y ordenará tal como lo hace con las representaciones e impresiones de la vigilia. Se desvanece, por consiguiente, cada vez más la diferencia entre la conciencia de la vida del sueño y la de la vigilia: quien sueña sigue despierto, en toda la extensión de la palabra, es decir, se siente dueño y en completo dominio de sus representaciones pictóricas. Al estar soñando, el hombre se encuentra, efectivamente, en un mundo distinto del de los sentidos corporales; pero mientras no tenga sus órganos espirituales desarrollados, solo es capaz de formarse, respecto de ese mundo, las consabidas ideas confusas. Ese mundo no tiene para él más realidad que la que tendría el mundo sensible para un ser apenas dotado de las formas más rudimentarias del ojo. De ahí que el hombre no pueda ver en aquel mundo más que las reminiscencias y reflejos de la vida ordinaria. Estos le son perceptibles durante el sueño, porque la misma alma entreteje sus experiencias diurnas, en forma de imágenes, en la sustancia que constituye aquel otro mundo.

Adviértase que el hombre, paralelamente a su vida diurna ordinaria y consciente, vive una segunda vida inconsciente en aquel otro mundo. Graba en él, en forma de huella, todo cuanto percibe y piensa, y esta huella solo se torna visible cuando las flores de loto están desarrolladas. Ahora bien, en todo ser humano existen ya ciertos débiles rudimentos de esas flores. Debido a esto no puede percibir nada durante la vigilia: son demasiado suaves las impresiones que recibe. El hecho de que no podamos ver las estrellas durante el día se basa en razones similares: su visibilidad se extingue por el potente esplendor del sol. Del mismo modo, las débiles impresiones espirituales no pueden hacerse sentir frente a las poderosas impresiones que reciben los sentidos físicos. En cambio, durante el sueño, cerradas las ventanas de los sentidos, esas otras impresiones empiezan a fulgurar confusamente y el soñador adquiere conciencia de fenómenos que tienen lugar en otro mundo. Pero como ya se ha explicado, estas experiencias son, al principio meras huellas que la propia actividad representativa, ligada a sentidos físicos, ha grabado en el mundo espiritual. Solo las desarrolladas flores de loto hacen posible que fenómenos no pertenecientes al mundo físico puedan manifestarse en éste; y el cuerpo etéreo, una vez desarrollado, nos confiere la plena comprensión de tales manifestaciones procedentes de otros mundos.

He ahí el comienzo de la vida y la actividad en un mundo nuevo; y al llegar este momento la disciplina oculta tendrá que fijar al discípulo una doble meta: primeramente, deberá aprender a darse cuenta completa de todo cuanto observe en sus sueños, como si estuviera despierto, y, una vez logrado, deberá tratar de llevar a cabo las mismas observaciones durante el estado ordinario de la vigilia. Controlará su atención hacia las impresiones espirituales para que puedan conservarse frente a las impresiones sensorias sin desvanecerse, persistir sin interrupción junto a ellas y simultáneamente con ellas. Cuando el discípulo haya adquirido esta facultad, aparecerá ante sus ojos espirituales algo del cuadro descrito en el capítulo precedente, y podrá discernir lo que el mundo espiritual contiene como causa del mundo físico. Y por encima de todo, será capaz de reconocer su Yo superior en el mundo material.

Su próxima tarea consiste ahora en expandir su alma, por decirlo así, hasta llenar este Yo superior, esto es, hasta considerarla realmente como su verdadero ser propio y obrar conforme a este concepto. Comprenderá y experimentará, cada vez con mayor intensidad, que su cuerpo físico y lo que anteriormente llamaba su «yo», ya no son sino instrumentos de su Yo superior, y frente a su yo inferior adquirirá un sentimiento análogo al que invade a una persona limitada al mundo sensible cuando se halla frente a un instrumento o vehículo del que hace uso. Al igual que nadie considera el vehículo en el que viaja como parte de su yo, aunque diga «yo viajo», así también el hombre evolucionado, al decir «yo atravieso la puerta», expresa realmente la idea «yo llevo mi cuerpo a través de la puerta». Solo que esto ha de ser para él un concepto tan natural, que ni por un momento pierda terreno firme en el mundo físico ni se aleje nunca del mundo sensible. Si el discípulo ha de evitar el convertirse en un iluso visionario, no debe empobrecer su vida en el mundo material, sino enriquecerla por esta conciencia superior, tal como la enriquece quien se vale de un tren, en vez de emplear sus pies, para recorrer cierta distancia.

Cuando el discípulo se haya elevado a tal vida en su Yo superior, o más bien ya durante el proceso de adquisición de la conciencia superior, aprenderá cómo despertar el poder perceptivo espiritual en el órgano del corazón y cómo dirigirlo mediante las corrientes descritas en el capítulo precedente. Este poder perceptivo es un elemento de una sustancialidad superior que emana del órgano en cuestión y que, con bello resplandor, fluye a través de las flores de loto en movimiento y de los demás conductos del cuerpo etéreo desarrollado. De allí irradia hacia el exterior, hacia el mundo espiritual circundante, haciéndolo espiritualmente visible, al igual que la luz solar, al caer sobre los objetos materiales, los torna visibles.

La apreciación de cómo se genera este poder perceptivo en el órgano junto al corazón no se alcanza sino en el curso mismo de su paulatino desarrollo. Cuando el discípulo haya aprendido a proyectar este órgano de percepción por todo su cuerpo etéreo y hacia el mundo exterior para iluminar los objetos, solo entonces el mundo espiritual, en su conjunto de seres y objetos, le será claramente perceptible. Esto nos lleva a comprender que el pleno conocimiento de un objeto del mundo espiritual solo es posible si el hombre mismo proyecta sobre aquél la luz espiritual. Ahora bien, el «yo» que crea este órgano de percepción, reside, no dentro, sino fuera del cuerpo físico, como hemos mostrado. El órgano de la región del corazón no es más que el lugar donde el hombre enciende, desde fuera, este órgano de luz espiritual. Si lo encendiera en otra parte, las percepciones espirituales realizadas por este órgano carecerían de relación con el mundo físico. Todas las realidades espirituales superiores deben estar relacionadas con el mundo físico y precisamente el hombre ha de ser el medio de acción sobre ese mundo. Es a través del órgano de la región del corazón que el Yo superior sujeta al yo sensible y lo convierte en su instrumento.

Ahora bien, el sentimiento que el hombre evolucionado tiene frente a las cosas del mundo espiritual difiere del que tiene el hombre sensorio frente al mundo físico. El hombre sensorio se encuentra en determinado lugar del mundo sensible, teniendo «fuera de él» los objetos que percibe. En cambio, el hombre espiritualmente evolucionado se siente como unido a los objetos espirituales de su percepción, como «en el interior» de ellos.

En realidad, vaga de un lugar a otro del mundo espiritual, por lo que en el lenguaje de la ciencia oculta se le llama también el «vagabundo», pues carece de hogar al principio. Sin embargo, si permaneciera en ese estado de mero vagabundeo, no podría determinar objeto alguno en el espacio espiritual. Así como un objeto o lugar en el espacio físico se determina relacionándolo con algún punto de referencia, así hay que hacerlo en el otro mundo. Allí también el hombre tiene que escoger algún lugar, investigarlo con detenimiento y apoderarse espiritualmente de él. En este lugar tiene que establecer su hogar espiritual y relacionar con él todo lo demás. En el mundo terrenal, el ser humano lo percibe todo desde el punto de vista de su hogar, y así observamos que un berlinés hará una descripción de Londres distinta de la de un parisiense. Y no obstante, hay diferencia entre el hogar espiritual y el hogar físico. Hemos nacido en este último sin nuestra participación y hemos absorbido instintivamente durante la juventud cierto caudal de representaciones que, en adelante, lo coloran todo de un modo involuntario. En cambio, el hogar espiritual ha sido formado por el discípulo con plena conciencia. Por lo tanto, con este hogar como base, formará su juicio en plena y clara libertad. Esta fundación de un hogar espiritual se llama, en el lenguaje de la ciencia oculta, «construir la morada».

La visión espiritual, en este grado de desarrollo, se extiende primeramente a las contrapartes espirituales del mundo físico, en cuanto existan en el llamado mundo astral, donde se encuentra todo lo que es de naturaleza similar a los instintos, sentimientos, pasiones y deseos humanos, ya que todos los objetos sensibles que rodean al hombre se relacionan con aquellas características humanas. Un cristal, por ejemplo, es moldeado por energías que, bajo la percepción espiritual, aparecen como un impulso activo del hombre. Fuerzas similares hacen que la savia circule por los vasos de la planta, que las flores se abran y las cápsulas de las semillas revienten. Para los órganos desarrollados de la percepción espiritual, todas estas fuerzas cobran forma y color, al igual que los objetos del mundo físico tienen forma y color para los ojos corporales. En esta fase de su desarrollo, el discípulo no solamente ve el cristal o la planta, sino también las consabidas fuerzas espirituales. Los instintos le son perceptibles, no solamente por las manifestaciones vitales externas de hombres y animales, sino también como objetos inmediatos, de la misma forma que ve las mesas y las sillas en el mundo físico. Todo el conjunto de instintos, apetitos, deseos y pasiones, tanto de un animal como de un ser humano, constituye la nube astral o aura que los envuelve.

Además, el clarividente puede percibir, en este grado de su desarrollo, objetos que se substraen, en parte o en su totalidad, a la percepción sensorial. Puede, por ejemplo, notar la diferencia astral entre una habitación llena de gente de baja mentalidad y otra llena de personas de espíritu elevado; no solamente la atmósfera física, sino también la espiritual de un hospital se distingue de la de un salón de baile; una ciudad comercial tiene una atmósfera astral distinta de la de una ciudad universitaria. En las fases iniciales de la clarividencia, la facultad perceptiva frente a semejantes fenómenos está poco desarrollada; su relación con las percepciones antes referidas es igual a la relación de la conciencia del sueño con la vigilia; pero el despertar será completo paulatinamente también en lo tocante a este grado.

La más alta conquista del clarividente que ha alcanzado el susodicho grado de visión es la que le revela las reacciones astrales de los instintos y pasiones de los animales y seres humanos. Una acción cariñosa va acompañada de un fenómeno astral muy distinto del de una acción inspirada por el odio. El deseo desmesurado produce una contraparte astral repugnante, mientras que un sentimiento engendrado por una aspiración noble crea una contraparte hermosa. Estas contrapartes solo son débilmente visibles durante la vida terrenal del hombre, pues mengua mucho su intensidad durante la vida del mundo sensorial. Por ejemplo, el deseo de un objeto produce determinada imagen refleja, además de la forma bajo la cual el deseo mismo aparece en el mundo astral; sin embargo, si el deseo es satisfecho por la obtención del objeto físico, o si, al menos, existe la posibilidad de satisfacerlo, entonces la imagen correlativa no pasa de débil vislumbre. No adquiere su cabal intensidad sino después de la muerte del individuo, cuando el alma, de acuerdo con su naturaleza, sigue abrigando tal deseo sin poder ya satisfacerlo, porque le faltan tanto el objeto como el órgano corpóreo. Una persona de placeres sensuales continúa teniendo, después de la muerte, el deseo de darle gusto a su paladar, por ejemplo, pero le falta la posibilidad de satisfacer ese deseo porque ya carece de paladar. Esto da por resultado que el deseo engendre una contra imagen particularmente vehemente, por la cual el alma se siente atormentada. Las experiencias suscitadas después de la muerte por las contra imágenes de la naturaleza anímica inferior se llaman «experiencias en el reino anímico», especialmente en el lugar del deseo. Solo cuando el alma se ha depurado de todo deseo que tienda hacia el mundo terrenal, es cuando se desvanecen esas experiencias; y solo entonces asciende a regiones superiores, al mundo del Espíritu. Si bien esas contrapartes son débiles durante la vida terrenal, no por ello dejan de estar presentes acompañando al hombre como predisposición desiderativa, lo mismo que la cauda sigue al cometa. El clarividente puede percibirlas, si ha alcanzado el escalón respectivo de su desarrollo.

Por semejantes experiencias y otras afines pasa el discípulo durante el estado descrito. En este grado de su evolución aún no puede adquirir experiencias espirituales más elevadas, sino que tiene que ascender por encima de este nivel.

La continuidad de la conciencia

La vida humana transcurre en tres estados que se alternan: vigilia, sueño con ensueños y sueño profundo. Comprenderemos cómo adquirir el conocimiento superior de los mundos espirituales si estudiamos los cambios que, respecto de estos tres estados, tiene que sufrir el que intenta buscar tal conocimiento. Antes de someterse a disciplina alguna para aquel logro, la conciencia humana es continuamente interrumpida por los intervalos de reposo del sueño durante los cuales el alma no tiene conciencia del mundo exterior ni de sí misma. Solo de tiempo en tiempo emergen del océano brumoso de la inconsciencia los sueños, relacionados con acontecimientos del mundo circundante o con el estado del propio cuerpo.

Por lo general los sueños solo se interpretan como una manifestación particular de la vida del sueño, por lo que comúnmente se habla nada más de dos estados: el sueño y la vigilia. Para la ciencia oculta, sin embargo, los sueños tienen su significado independiente de los otros dos estados. En el capítulo precedente se describieron las manifestaciones que sufren los sueños de aquel que pretende ascender al conocimiento superior. Sus sueños dejan de carecer de sentido, de ser irregulares e incoherentes y se van integrando cada vez más a un orbe regulado y coherente. Continuando el desarrollo, este orbe nuevo, nacido del mundo de los sueños, no solo se equipará a la realidad sensible exterior, en lo que corresponde a su intrínseca veracidad, sino que en él se revelan hechos que representan una realidad superior en toda la extensión de la palabra.

Misterios y enigmas yacen ocultos por doquier en el mundo sensible. Este mundo nos permite ver los efectos de ciertos hechos superiores, pero, concretada la percepción meramente a los sentidos, de ninguna manera llegar hasta las causas. Las causas se revelan en parte al discípulo que se encuentra en un estado en el cual, aunque originalmente derivado de la vida de los sueños, de ninguna manera permanece estacionario. Sin embargo, mientras no tenga también tales percepciones durante la vigilia, el discípulo no puede considerarlas conocimiento genuino. Logrará, al fin, desarrollar la facultad de trasladar a la conciencia de vigilia el estado que él mismo se ha creado, nacido en la vida de los sueños. De esta manera, el mundo sensible se habrá enriquecido para él con algo completamente nuevo. Así como una persona, ciega de nacimiento y operada con éxito, reconocerá que los objetos en su derredor se enriquecen con todo cuanto el ojo percibe, así también aquel que, de la manera indicada, se haya convertido en clarividente, percibirá todo el mundo circundante como dotado de nuevas cualidades, objetos, seres. Ya no tendrá necesidad de esperar los sueños para vivir en otro mundo, sino que, en cualquier momento puede lograr el estado descrito con el fin de una percepción superior. Este estado adquirirá para él un significado parecido al que tiene en la vida ordinaria la percepción de las cosas mediante los sentidos activos, en contraste con esos mismos sentidos en estado inactivo. En verdad puede decirse que el discípulo abre sus sentidos psíquicos y percibe lo inasequible a los sentidos corporales.

Ahora bien, este estado no constituye sino una transición hacia etapas del conocimiento todavía superiores. Si el discípulo continúa sus ejercicios esotéricos, descubrirá, a su debido tiempo, que el cambio radical antes citado no abarca solamente la vida de sus sueños, sino que la transformación se extiende también hacia lo que antes era el sueño profundo, es decir, sin soñar. Notará que conscientes experiencias aisladas empiezan a interrumpir la completa insensibilidad que antes caracterizaba el dormir, pues percepciones de un género antes desconocido emergen de entre las tinieblas profundas del sueño. Naturalmente, no es cosa fácil describirlas, ya que adaptado nuestro lenguaje al mundo sensible, solo ofrece términos aproximados para algo que no forma parte de él. Con todo, y puesto que tenemos que utilizar estas palabras para la descripción de los mundos superiores, habremos de recurrir al libre uso de parábolas. Es posible proceder en esta forma considerando que todo el mundo está relacionado. Las cosas y los seres de los mundos superiores tienen vínculos con el mundo físico hasta el grado de permitir, con cierta buena voluntad, que podamos tener idea de esos mundos superiores, aun mediante el uso de términos acuñados para el mundo sensible. Algo no debe perderse de vista, sin embargo: el que las descripciones de los mundos suprasensibles tienen que expresarse, en gran parte, en forma de parábola o símbolo. De ahí que las palabras del lenguaje corriente se utilicen solo para una parte de la disciplina oculta; para lo demás el discípulo aprenderá, como resultado muy natural de su ascenso, un modo simbólico de expresión. El conocimiento de este lenguaje se adquiere en el curso mismo de la disciplina oculta, lo cual no impide que se aprenda algo de la naturaleza de los mundos superiores aun mediante descripciones tan elementales como las que aquí ofrecemos.

Para dar una idea de las expresiones que por primera vez surgen del océano de la inconsciencia que caracteriza el sueño profundo, lo mejor será compararlas a una especie de audición. Podría hablarse de una percepción de sonidos y palabras. Así como las experiencias que se tienen al dormir soñando guardan cierto parentesco con una especie de visión surgida de entre las percepciones sensorias, los hechos observados en el sueño profundo pueden sugerirnos impresiones auditivas. Hacemos notar aquí, de paso, que también en los mundos espirituales la facultad de la visión es de índole superior a la auditiva. Allí también los colores son de superior categoría a los sonidos y a las palabras. Sin embargo, las primeras percepciones del discípulo en ese mundo todavía no se extienden a aquellos colores superiores, sino solo a los sonidos inferiores; pero como el hombre, de acuerdo con su general evolución, tiene más afinidad con el mundo que se le revela en los sueños, puede desde un principio percibir en él los colores. Se halla menos preparado para el mundo superior que se le hace consciente en el sueño profundo; por lo que su manifestación se lleva a cabo mediante sonidos y palabras; será más tarde que el discípulo podrá también allí ascender a colores y formas.

Ahora bien, tan pronto como el discípulo advierta tener esas experiencias durante el sueño profundo, su primera finalidad será lograr que sean tan claras y nítidas como sea posible. Al principio esto es muy difícil, pues la percepción de lo que se experimenta en este estado en su inicio es tenue en extremo. Al despertar el discípulo sí sabe que ha tenido una experiencia; pero ignora por completo su naturaleza. Lo más importante en esta situación inicial es permanecer tranquilo y sereno, sin dejarse llevar por la impaciencia o el desasosiego, sentimientos contraproducentes que en lugar de acelerar el progreso lo dilatan. El discípulo tiene que entregarse plácidamente a lo que recibe como regalo; reprimir toda violencia. Si en un momento dado no puede darse cuenta de las experiencias tenidas durante el sueño, esperará con paciencia hasta que le sea posible, y este momento llegará con toda seguridad. La facultad perceptiva, si el discípulo aguardó con paciencia y serenidad, se convertirá en una posesión segura, en tanto que si surgiera de forma momentánea como resultado de un imperativo violento, quizá se perdería del todo por mucho tiempo.

Una vez adquirida esta facultad perceptiva y lograda la clara y lúcida conciencia de las experiencias del sueño, el discípulo deberá dirigir su atención hacia lo siguiente. Las experiencias que hemos descrito son de dos clases bien diferenciadas: las primeras totalmente ajenas a todo cuanto el estudiante jamás haya conocido. Ellas pueden ser fuente de placer y de virtud, pero por el momento no debe pretender investigarlas. Ellas son las primeras precursoras del mundo espiritual superior en el que el discípulo no se orientará sino más adelante. En la otra clase de experiencias, el observador atento descubre cierta relación con el mundo ordinario en que vive. Los temas de sus reflexiones en la vida cotidiana, los misterios de las cosas que le rodean y que quisiera comprender sin que le sea posible con su intelecto ordinario, sobre todo esto le dan la clave las experiencias vividas durante el sueño.

Durante su diario vivir, el hombre reflexiona sobre lo que constituye su medio ambiente; su mente se esfuerza en entender las relaciones que existen entre las cosas; trata de captar, por medio de conceptos, lo que perciben sus sentidos. A esta búsqueda se refieren sus experiencias durante el sueño. Lo que antes eran conceptos oscuros y nebulosos, cobran ahora sonoridad viviente, solo comparable a los sonidos y palabras del mundo sensible; cada vez más le parecerá al discípulo como si la solución a los enigmas que le llevan a reflexionar le fuese susurrada en sonidos y palabras desde un mundo superior. Y será capaz de relacionar con la vida ordinaria lo que así le llega de ese mundo. Lo que antes solo era accesible a su pensamiento, ahora se convierte en vivencia, tan clara y sustancial como pueda serlo la experiencia más vívida de nuestro mundo sensible. Las cosas y los seres del mundo sensible en manera alguna son solo lo que parecen ser a la percepción sensoria, sino que son expresión y efluvio de un mundo espiritual. Este mundo del Espíritu, otrora oculto para el discípulo, ahora resuena para él desde la totalidad de su medio circundante.

Fácil es comprender que esta facultad perceptiva superior solo resultará benéfica para el hombre, si los sentidos psíquicos que se le han despertado están en perfecto orden, lo mismo que los órganos sensorios ordinarios solo son útiles para la observación exacta del mundo si están regular y normalmente constituidos. Es el hombre mismo quien desenvuelve esos sentidos superiores mediante los ejercicios indicados por la ciencia espiritual, entre los cuales figura la concentración, esto es, el enfoque de la atención sobre representaciones y conceptos bien definidos, relacionados con los misterios del universo, y la meditación, que es la vida en tales ideas, así como el abismarse completamente en ellas en forma correcta. Mediante la concentración y la meditación, el hombre actúa sobre su alma y desarrolla en ella los órganos psíquicos de la percepción. Mientras así se dedique a las tareas de la concentración y de la meditación, su alma irá creciendo dentro de su cuerpo lo mismo que el embrión crece en el seno de la madre. Cuando las experiencias aisladas que hemos descrito empiecen a aparecer durante el sueño, significará que se acerca el momento del nacimiento del alma liberada: literalmente, se ha convertido en un nuevo ser, gestado y madurado por el hombre mismo. De ahí que los esfuerzos de la concentración y la meditación requieran una esmerada y exacta observación, porque contienen las leyes inherentes a la germinación y madurez del ser psíquico superior del hombre. Este ser psíquico debe aparecer en su nacimiento como un organismo armonioso y bien proporcionado; de sufrir alguna omisión en la observación de las reglas, en vez de un ser normal resultaría, en la esfera espiritual, un aborto incapaz de la vida.

El que este ser psíquico empiece a nacer durante el sueño profundo, se comprende fácilmente si se tiene en cuenta que este organismo, endeble y todavía poco resistente, no podría subsistir contra las brusquedades y asperezas de esta vida en el caso de aparecer durante la vida ordinaria: su actividad quedaría anulada frente a la del cuerpo. Durante el sueño, sin embargo, cuando el cuerpo descansa en lo que corresponde a su actividad dependiente de la percepción sensoria, la actividad del alma superior, tan delicada e inconspicua al principio, puede hacerse evidente. De nuevo procure el discípulo no considerar como válido conocimiento las experiencias adquiridas durante el sueño, mientras no se halle capacitado para trasladar también su despierta alma superior a la conciencia de la vigilia. La adquisición de esta facultad le permite percibir el mundo espiritual en su propio carácter íntimo durante y dentro de las experiencias cotidianas; es decir, puede concebir psíquicamente, como sonidos y palabras, los secretos existentes en su derredor.

En esta etapa de su desarrollo, el discípulo tiene que darse cuenta de que se encuentra, por lo pronto, ante experiencias espirituales más o menos aisladas e inconexas. Tiene, pues, que abstenerse de construir, con base en ellas, sistema alguno de conocimiento acabado, ni tan siquiera coherente, pues en tal caso toda clase de conceptos e ideas fantásticas se deslizarían en su alma, y fácilmente se llegaría a construir un mundo que nada tendría que ver con el verdadero mundo espiritual. El discípulo tiene que practicar de continuo el más riguroso dominio de sí mismo, y el más indicado método consiste en esforzarse por percibir, con creciente claridad, las genuinas experiencias aisladas y en esperar la espontánea llegada de nuevas experiencias, que puedan asociarse, como por propia afinidad, con las precedentes.

En virtud del poder del mundo espiritual donde encontró su camino, y por medio de la constante aplicación de los ejercicios adecuados, el discípulo experimenta una expansión progresiva de la conciencia durante el sueño profundo. Más y más experiencias emergen de la inconsciencia, y son cada vez más cortos los períodos inconscientes de la vida del sueño. De esta forma van asociándose cada vez más estas experiencias aisladas, por sí mismas, sin que esta genuina unión se vea perturbada por otra clase de combinaciones e inferencias, que en todo caso tendrían su origen en un intelecto acostumbrado al mundo sensible. Cuanto menos se entremezclen indebidamente los hábitos de pensar de nuestro mundo material en las vivencias superiores, tanto mejor será. Conduciéndose así, el discípulo va acercándose progresivamente a aquella etapa del sendero del conocimiento superior que le permita transformar en estados completamente conscientes los antes inconscientes de la vida del sueño.

Durante el reposo del cuerpo, el discípulo vivirá dentro de un medio tan real como lo es el de la vigilia. Huelga decir que, al principio, la realidad que se observa durante el sueño es distinta de la realidad sensible que rodea el cuerpo físico, y el discípulo aprende, o tiene que aprender, a relacionar con su medio sensible circundante sus experiencias superiores obtenidas durante el sueño, si no quiere dejar de pisar terreno firme dentro del mundo sensible y convertirse en visionario. En los inicios, sin embargo, el mundo captado durante el sueño es una revelación completamente nueva. Esta etapa importante de la evolución, caracterizada por la perdurabilidad de la conciencia durante el sueño, se llama, en la ciencia espiritual, «continuidad de la conciencia». El estado a que aquí se alude representa, para cierto grado del desarrollo, una especie de «ideal» asequible al final de un largo camino. Lo que el discípulo conoce primero es la expansión de la conciencia hacia dos estados psíquicos: en uno de ellos, el primero, antes solo percibía sueños desordenados; el segundo corresponde al sueño inconsciente, sin sueños.

Aquel que haya alcanzado este grado continuará teniendo experiencias y enriqueciendo sus conocimientos durante los períodos en que su cuerpo físico se encuentre en reposo y en los que su alma no reciba impresiones mediante los órganos sensorios.

DISOCIACIÓN DE LA PERSONALIDAD DURANTE LA DISCIPLINA ESPIRITUAL

Durante el sueño, el alma humana no recibe mensaje alguno mediante los órganos sensorios, lo que implica que las percepciones del mundo exterior ordinario no fluyen hacia ella. En cierto sentido, el alma está positivamente fuera de la parte de la entidad humana —el llamado cuerpo físico— que durante la vigilia hace posibles las percepciones sensorias y la acción de pensar. Se halla conectada solamente con los principios más sutiles —cuerpo etéreo y astral—, que se sustraen a la observación de los sentidos físicos, mas no es de imaginar que la actividad de estos principios más sutiles vaya a suspenderse durante el sueño. Tal como el cuerpo físico está conectado con las cosas y los seres del mundo material, siendo afectado por ellos y afectándolas a su vez, así también el alma vive en un mundo superior, vida que persiste durante el sueño. Efectivamente, durante el sueño el alma se halla en plena actividad, si bien nada podemos saber de ésta en tanto no tengamos los órganos de la percepción espiritual que nos permiten observar durante el sueño lo que pasa en torno nuestro y lo que nosotros mismos estamos haciendo, en analogía a como durante el día observamos nuestro medio físico con nuestros sentidos ordinarios. Como se expuso en los capítulos precedentes, la disciplina oculta consiste en el desarrollo de tales órganos de la percepción espiritual.

Ahora bien, si por la disciplina oculta se transforma la vida del estudiante durante el sueño tal como se ha descrito en el capítulo anterior, entonces será él capaz de darse cuenta cabal, mientras esté en tal estado, de lo que sucede en torno suyo; de orientarse a voluntad en su medio ambiente, tal como durante la vigilia encuentra su camino mediante los sentidos ordinarios. Es oportuno notar aquí que la percepción del medio sensible ordinario requiere un grado superior de clarividencia, lo que ya ha sido indicado en el capítulo precedente. En la fase inicial de su desarrollo, el discípulo solo percibe cosas pertenecientes a otro mundo, sin que sea capaz de discernir su conexión con los objetos del mundo exterior. Estas características de la vida durante el sueño y los sueños ilustran lo que continuamente sucede en el ser humano. El alma vive sin interrupción en los mundos superiores donde despliega su actividad y donde cobra los impulsos para su incesante acción sobre el cuerpo físico; pero el hombre ordinario no tiene conciencia de esta su vida superior, conciencia que adquirirá el discípulo y de este modo transformará toda su existencia. En tanto que el alma no es vidente en sentido superior, es guiada por elevados seres cósmicos. Y al igual que la vida de un ciego será distinta si recobra la vista mediante una operación, y ya no necesitará de guía, asimismo cambiará la vida del hombre gracias a la disciplina oculta. Se emancipará de la necesidad de ser conducido y se guiará por sí mismo. Es obvio que desde ese momento estará sujeto a errores no sospechados por la conciencia ordinaria; actuará desde un mundo en donde anteriormente lo influían potencias superiores sin que él hubiera tenido conciencia de ello. Estas potencias superiores están ordenadas por la armonía universal cósmica; y el discípulo se sustraerá a ella, ya que, en lo sucesivo, él mismo tendrá que ejecutar actos que antes habían sido realizados para él, sin su participación.

A esto obedece que en los libros que tratan de estas materias se hable frecuentemente de los peligros inherentes al ascenso a los mundos superiores, peligros cuyas descripciones pueden intimidar a temperamentos apocados. Conviene insistir que tales peligros solo existen si se descuidan las precauciones necesarias; en tanto que, si realmente se adoptan las medidas aconsejadas, se llevará a cabo el ascenso a través de vivencias cuya potencia y magnitud, a pesar de sobrepasar la más osada fantasía del hombre, no podrá acarrear perjuicio alguno para la salud o la vida.

El discípulo se encontrará con potencias que por doquier amenazan la vida, y le será posible incluso valerse de ciertas energías y seres que existen más allá de la percepción sensoria. Imperiosa es la tentación de adueñarse de esas fuerzas para fines de un interés personal ilícito o para hacer mal uso de ellas en su equívoco conocimiento de los mundos superiores. Algunas de estas importantes experiencias, por ejemplo el encuentro con el «guardián del umbral», se describirán en los capítulos siguientes. Sin embargo, hay que considerar que las potencias hostiles a la vida están presentes, incluso cuando no se las conozca. Sin duda, su relación con el hombre está, en este caso, determinada por poderes superiores, relación que se modifica al entrar el individuo conscientemente en el mundo que antes se le mantenía oculto. Pero al mismo tiempo, esto irá acompañado de una exaltación de la propia existencia y de un enriquecimiento de su vida por un amplio y nuevo campo de experiencias. El peligro verdadero puede surgir si el discípulo, por impaciencia o arrogancia, asume demasiado pronto cierta independencia frente a las realidades del mundo superior; si no puede esperar hasta comprender en profundidad las leyes suprasensibles. En estos dominios, la humildad y la modestia son palabras menos vanas que en la vida ordinaria. Si el discípulo posee estas cualidades en el mejor sentido, podrá estar seguro de su paso a la vida superior, sin peligro para todo lo que comúnmente se llama salud y vida. Ante todo, no debe surgir discordancia alguna entre las experiencias superiores y los hechos y requerimientos de la vida cotidiana.

El hombre, evidentemente, ha de buscar su misión en esta Tierra, y quien pretenda rehuirla, tratando de escapar hacia otro mundo, puede estar seguro de que nunca alcanzará su meta. A pesar de esto no hay que olvidar que los sentidos no perciben sino una parte del mundo, y que en la espiritual residen los seres que se manifiestan en los acontecimientos de la material. El ser humano ha de participar del Espíritu para poder llevar sus manifestaciones a la realidad sensible; ha de transformar la Tierra implantando en ella lo que ha captado en planos superiores; solo porque el hombre no puede verdaderamente actuar en la Tierra si no participa de esos mundos donde se mantienen ocultas las fuerzas creadoras, solo por esto, ha de tener el anhelo de ascender hasta ellos. Nadie que se acerque a la disciplina oculta con esta disposición de ánimo y que esté dispuesto a no desviarse, ni por un momento, de la pauta así marcada, tendrá que temer el menor peligro. Nadie deberá permitir que la posibilidad de tales peligros le lleve a desistir de esa disciplina; por el contrario, tal perspectiva debe ser para el ser humano un intenso acicate que le mueva a adquirir las cualidades que son indispensables a un verdadero discípulo de la ciencia oculta.

Hechas estas observaciones preliminares, con el fin de descartar todo elemento de terror, vamos a describir algunos de los «peligros» aludidos. Es verdad que se operan grandes cambios en los cuerpos más sutiles del discípulo, cambios relacionados con ciertos procesos evolutivos de tres fundamentales energías psíquicas: la de la voluntad, del sentimiento y del pensamiento.

Antes de que se lleve a cabo el entrenamiento oculto, estas tres fuerzas están sujetas a una definida relación prescrita por leyes cósmicas superiores. El ser humano no quiere, siente o piensa arbitrariamente. Cuando, por ejemplo, surge determinado pensamiento en la conciencia, con él se asocia, de acuerdo con leyes naturales, un sentimiento peculiar; o se vincula con una volición en secuela igualmente natural. Veamos las reacciones naturales: si al entrar en una habitación hallamos su atmósfera pesada, abrimos las ventanas; si oímos nuestro nombre, atendemos la llamada; si se nos pregunta, contestamos; si percibimos un objeto mal oliente, experimentamos repugnancia. He ahí sencillas asociaciones entre el pensar, el sentir y el querer. Al examinar la vida humana, comprobaremos que todo en ella está basado en tales asociaciones y que la vida ni siquiera se califica de «normal» si no se observa en ella tal asociación entre ese pensar, sentir y querer, resultado de las leyes de la naturaleza humana. Sería considerado contrario a estas leyes si alguien, por ejemplo, experimentara placer al percibir un objeto mal oliente o si no respondiese al hacérsele una pregunta. Los éxitos que se esperan de una buena educación o de una adecuada instrucción se basan en el supuesto de que se puede establecer en el alumno la asociación entre pensar, sentir y querer, ligada con la naturaleza humana. Si se le imparten ciertas nociones, es para que más adelante las asocie debidamente con sus sentimientos y voliciones.

Todo esto parte del hecho de que en forma debidamente definida los centros de las tres energías —pensar, sentir y querer— se asocian con los vehículos más sutiles del alma humana. Esta existente asociación del organismo psíquico más delicado tiene su contraparte en el grosero cuerpo físico. También en este último tienen una conexión bien definida con los del pensar y del sentir los órganos de la voluntad: determinado pensamiento evoca un sentimiento o una actividad volitiva. En el curso del desarrollo superior del hombre quedan rotos los vínculos entre las tres fuerzas fundamentales. Al principio, esta ruptura solo acontece dentro del organismo psíquico más sutil; pero en una etapa más elevada, la separación abarcará también el cuerpo físico. Es un hecho que durante el desarrollo espiritual el cerebro humano se divide en tres partes separadas. Esta separación, por no ser perceptible a los sentidos ordinarios, no puede demostrarse con los instrumentos más sensibles; no obstante, la separación se efectúa y el clarividente sí tiene medios de observarla.

El cerebro del clarividente avanzado se divide, por tanto, en tres centros de actividad independiente: el cerebro del pensamiento, el del sentimiento y el de la voluntad. Así, los órganos del pensar, del sentir y del querer, quedan emancipados de toda dependencia recíproca. En adelante, ya no dependerá la asociación de sus leyes inmanentes, ya que la despierta conciencia superior del hombre será la que la rija.

El cambio psíquico que el discípulo observa es que ya no se establece conexión alguna entre una representación y un sentimiento, o entre un sentimiento y una volición, etc., a menos que él mismo la cree. Ningún impulso lo impele de un sentimiento a una acción, si no es él quien, libremente, engendra tal impulso. Ahora puede encararse, libre de todo sentimiento, ante un hecho que, antes de su discipulado, le habría suscitado un amor ferviente o un odio amargo; puede permanecer inactivo frente a un pensamiento que antes le habría impulsado a la acción como si fuera espontánea; en cambio, puede realizar actos por decisión de su voluntad, decisión que carece del más ligero móvil para todo aquel que no haya sufrido la disciplina oculta. La coronación de los esfuerzos del discípulo es el absoluto dominio de la actividad coordinada de las tres fuerzas del alma, y esta actividad está supeditada a su propia responsabilidad.

Solo mediante esta transformación de su ser puede el hombre entrar en relación consciente con ciertas fuerzas y seres suprasensibles, puesto que existe una afinidad entre las energías de su propia alma y ciertas fuerzas fundamentales del mundo. Por ejemplo, la fuerza inherente a la voluntad puede afectar determinadas cosas y seres del mundo superior, y también percibirlos; pero esto solo le será posible cuando se haya liberado de la conexión que, dentro del alma, la vinculaba con el sentir y el pensar. Una vez desligada esta conexión, puede exteriorizarse la actividad volitiva, y otro tanto ocurre con las fuerzas del pensar y del sentir.

Un sentimiento de odio que alguien emite es visible para el clarividente cual fina nube luminosa de tinte determinado; y el clarividente puede rechazar ese sentimiento tal como el hombre físico detener el golpe que se le dirija. En el mundo suprasensible, el odio se convierte en fenómeno visible; pero el clarividente solo puede percibirlo en tanto que es capaz de proyectar hacia fuera la fuerza inherente en su sensibilidad, del mismo modo que el hombre corriente ofrece al mundo exterior la receptividad de su ojo. Y lo que decimos del odio ocurre también con hechos mucho más importantes del mundo físico. El discípulo puede entrar en consciente relación con ellos por la liberación de las energías fundamentales de su alma.

Debido a esta separación de las energías del pensar, del sentir y del querer, surge la posibilidad, si el discípulo desatiende los preceptos de la ciencia oculta, de un triple extravío en el curso evolutivo del hombre. Tal extravío puede ocurrir si las conexiones se cortan antes de que la conciencia superior haya desarrollado su poder cognoscitivo lo suficiente para poder manejar como es debido las riendas que hacen posible que las fuerzas separadas se combinen en una libre actividad armoniosa. Por regla general, las tres energías fundamentales del hombre, en cualquier momento de la vida no están igualmente avanzadas en su desarrollo. En algunas personas, el pensar se ha adelantado al sentir y al querer; en otras, cualquier energía psíquica predomina sobre sus hermanas. Ahora bien, mientras se mantenga la conexión de estas fuerzas tal como está establecido por las superiores leyes cósmicas, el predominio de una u otra de esas energías no puede causar irregularidad que, en un sentido superior, resulte dañina. Una voluntad predominante queda compensada por el pensar y el sentir, y así se evita que la voluntad incurra en excesos. Las aberraciones surgen del desequilibrio. Así, cuando alguien en quien señoree la voluntad emprende la disciplina oculta, el pensamiento y el sentimiento dejarán de ejercer su influencia reguladora sobre ella, y el factor dominante tratará sin cesar de imponer su enorme poder. Entonces, si tal persona no ha avanzado lo bastante como para poder dominar su conciencia superior y crear por sí misma la armonía, la voluntad seguirá desenfrenada su propio camino, supeditando continuamente a su poseedor. El sentir y el pensar caerán en una impotencia absoluta y el hombre actuará como aguijoneado por una voluntad tiránica que lo esclaviza. El resultado será un carácter despótico, que pasa desenfrenadamente de una acción a otra.

Una segunda aberración se produce cuando es el sentimiento el que se emancipa de las leyes que lo controlan. Una persona inclinada a la veneración puede hundirse en una dependencia ilimitada, hasta el grado de perder toda voluntad y todo pensamiento personales. En este caso, en vez de llegar al conocimiento superior, tal persona se vería condenada a la más lastimosa anulación y debilidad; en otro aspecto, de tratarse de un temperamento inclinado hacia el misticismo, podría verse arrastrado por un arrebato religioso sin medida.

Un tercer mal surge cuando existe el predominio del pensar, cuyo resultado es una naturaleza contemplativa, hostil a la vida y recluida dentro de sí misma. Para ese tipo de personas el mundo carece de importancia, salvo en cuanto les suministra oportunidad de satisfacer su sed de saber, exaltada hasta lo increíble. Ningún pensamiento las impulsa a una acción o a un sentimiento; aparecen como seres indiferentes y fríos, rehuyendo todo contacto con la realidad ordinaria: les repugna o, en todo caso, ha perdido para ellos todo significado.

He aquí, pues, los tres extraviados caminos hacia los cuales puede el discípulo ir a parar: el despotismo del carácter, el excesivo sentimentalismo, y el frío, impasible esfuerzo hacia el saber. Desde el punto de vista exterior, así como del materialista de la medicina oficial, tal persona descarriada apenas si se distingue, sobre todo en grado, de un demente, o cuando menos de un profundo neurótico. Claro está que el discípulo no debe parecerse a ella. Lo esencial para él es que las tres energías fundamentales del alma, el pensar, el sentir y el querer, se hayan desarrollado armoniosamente antes de desligarse de su conexión inherente y de subordinarse a la liberada conciencia superior, pues una vez cometido el error y arrastrada en el desenfreno una de las fuerzas psíquicas fundamentales, el alma superior nace como un aborto. La fuerza indómita satura por completo la personalidad del hombre y, por mucho tiempo, no resta esperanza alguna de restablecer el equilibrio. Lo que en una persona sin disciplina oculta aparece como inocente predisposición, a saber, el predominio del pensar, del sentir o del querer, se intensifica a tal grado en el discípulo que el predominio ahoga el elemento humano universal, necesario para la vida.

Sin embargo, todo esto no se torna peligroso hasta el momento en que el discípulo adquiere la facultad de experimentar, durante la vigilia, lo mismo que experimenta su conciencia durante el sueño. En cuanto se trate solamente de iluminar los intervalos del sueño, la vida de los sentidos, regulada por las leyes cósmicas universales, seguirá reaccionando durante la vigilia sobre el equilibrio psíquico perturbado tendiendo a restablecerla. De ahí que sea tan esencial que la vida de la vigilia del discípulo sea en todo sentido ordenada y sana. Cuanto mejor capacitado esté para satisfacer las exigencias que el mundo exterior demande de una constitución sana y vigorosa de cuerpo, alma y espíritu, tanto mejor para él. En cambio, le sería muy perjudicial si su vida de vigilia lo afectara de manera provocativa o irritante, es decir, si externas influencias destructivas o inhibidoras se sumaran a los grandes cambios que ocurren en su interior. El discípulo buscará, de acuerdo con sus poderes y facultades, todo cuanto tienda a favorecer una convivencia serena y armoniosa con su medio ambiente, y evitará todo lo que mengüe esta armonía e introduzca desasosiego e inquietud en su vida. Lo importante no es tanto el desembarazarse superficialmente del desasosiego y de la inquietud, sino más bien el procurar que el estado de ánimo, las intenciones, los pensamientos y la salud corpórea no estén expuestos por su causa a continuas fluctuaciones. Todo esto no es tan fácil de cumplir para el discípulo como lo era antes de haber adquirido disciplina esotérica, ya que las experiencias superiores, entretejidas ahora en su vida, obran sin interrupción sobre toda su existencia. Si en alguna de ellas existe una anomalía, ésta lo acecha continuamente para desviarlo, en la primera oportunidad, del camino recto. Por lo tanto, no debe el discípulo descuidar nada de cuanto le permita mantener el dominio completo de todo su ser; nunca debe faltarle presencia de ánimo, ni una reposada perspicacia en todas las situaciones en que se encuentre. En el fondo, una disciplina oculta genuina engendra por sí misma todas estas cualidades, y de este modo, a medida que el discípulo avanza, aprende a conocer los peligros y a adquirir simultáneamente y en el momento oportuno el poder completo para vencerlos.

El guardián del umbral

Entre las experiencias importantes del discípulo que asciende a los mundos superiores figura su encuentro con el «guardián del umbral»; no con uno propiamente, sino con dos: el «menor» y el «mayor». El discípulo encontrará al primero cuando empiecen a desligarse, en la forma anteriormente descrita, los lazos de unión entre el querer, el pensar y el sentir, en los cuerpos más sutiles, el astral y el etéreo. El encuentro con el «guardián mayor del umbral» ocurrirá cuando esta separación de las conexiones se extienda también a las partes físicas del cuerpo, en especial, al principio, al cerebro. El «guardián menor del umbral» es un ser autónomo; no existe para el ser humano antes de que éste haya alcanzado el grado respectivo de desarrollo. Aquí pueden indicarse algunas de sus características más esenciales.

Comenzaremos por tratar de describir, en forma narrativa, el encuentro del discípulo con ese «guardián». Se trata de un encuentro que hace al discípulo consciente de que su pensar, su sentir y su querer se han desligado de su conexión inherente. Este «guardián» es un ser espectral y amedrentador que se levantará ante el discípulo y que hará necesaria toda su presencia de ánimo y toda su confianza en la firmeza de su sendero para la adquisición de todo lo cual tuvo amplia oportunidad en el curso previo de su disciplina. El «guardián» patentiza su significado aproximadamente en las siguientes palabras:

«Hasta ahora, potencias para ti invisibles dirigieron tu destino. Gracias a su actividad, durante el curso de tus vidas anteriores hasta el momento presente, tus buenas acciones recibieron su recompensa y tus malas acciones suscitaron resultados funestos. Bajo su influencia, tu carácter se ha ido formando con tus experiencias de la vida y con tus pensamientos: forjaron tu destino. Fueron ellas las que te asignaron en cada una de tus encarnaciones la medida del goce y del dolor, de acuerdo con tu conducta en pasadas existencias. Reinaban sobre ti como la ley omnímoda del karma. Estas potencias te eximirán ahora de parte de la influencia restrictiva que sobre ti ejercían y que te queda, en consecuencia, traspasada. Varios han sido los golpes que el destino te ha infligido, sin saber por qué: eran consecuencia de alguna mala acción en una de tus vidas anteriores. Encontraste felicidad y alegría y las aceptaste tal como vinieron: eran igualmente fruto de pasadas acciones. Tu carácter presenta rasgos hermosos y lacras repugnantes: tú mismo has causado unos y otras con tus experiencias y pensamientos anteriores, que si bien te eran desconocidos, se te hacían evidentes en sus efectos. Las potencias kármicas, sin embargo, veían todas las acciones de tus vidas pretéritas, todos tus pensamientos y sentimientos más recónditos, y determinaron en consecuencia tu modo actual de ser y de vivir.

»De ahora en adelante, a ti mismo se te revelarán todos los aspectos buenos y malos y de lo que hiciste. Han estado entretejidos hasta ahora en tu propio ser; estaban dentro de ti y tú no podías verlos, como no puedes ver tu propio cerebro con los ojos físicos. Mas ahora se liberarán de ti, se separarán de tu personalidad; asumirán una forma independiente que te será visible, tal como puedes ver las piedras y las plantas del mundo exterior.

»Y yo soy ese mismo ser que modeló un cuerpo con tus acciones nobles y viles. Mi forma espectral está tejida con la sustancia del libro de cuentas de tu propia vida. Invisible me llevaste hasta ahora dentro de ti; y benéfico para ti ha sido el que así fuera, pues la sabiduría de tu destino, aunque oculta para ti, ha trabajado hasta ahora desde tu interior, para borrar de mi aspecto aquellas lacras repugnantes. Ahora que he salido de ti, también se ha alejado esta sabiduría oculta, y en adelante no se ocupará más de ti; dejará ese trabajo únicamente en tus propias manos. Necesito convertirme en ser perfecto y glorioso; de lo contrario, sería presa de la corrupción, y si esto último sucediera, te arrastraría conmigo a un mundo oscuro y depravado. Para evitarlo, tu propia sabiduría tendrá que ensancharse hasta que pueda hacerse cargo de la tarea de aquella sabiduría oculta, que se ha separado de ti. Una vez que hayas cruzado mi umbral, ya no me apartaré ni un instante de tu lado, como forma visible para ti. Cuando en lo futuro obres o pienses incorrectamente, al punto notarás tu falta como una desfiguración repugnante y demoníaca de mi forma; solo cuando te hayas purificado de manera que ya no te sea posible cometer maldad alguna, será cuando me habré transformado en ser de belleza radiante. Entonces podré unirme nuevamente a ti formando contigo un solo ser, en beneficio de tu actividad futura.

»Mi umbral está formado por los temores y vacilaciones que todavía subsisten en ti, ante el esfuerzo que necesitas para asumir personalmente la responsabilidad íntegra de todo cuanto hagas y pienses. En tanto perdure en ti la menor huella de temor para dirigir tú mismo tu destino, carecerá este umbral de lo que necesite contener. Y mientras le falte una piedra tan sólo, tendrás que detenerte como paralizado ante él o tropezar con él. No trates de atravesarlo antes de sentirte completamente libre de miedo y dispuesto a la más alta responsabilidad.

»Hasta ahora yo solo salía de tu personalidad cuando la muerte te llamaba de tus vidas terrenales, pero incluso en esas ocasiones mi forma permanecía velada para ti. Solo me veían las potencias que dirigían tu destino y según mi aspecto plasmaban, durante los intervalos entre la muerte y un nuevo nacimiento, la fuerza y la capacidad que necesitabas para embellecer mi forma, en beneficio de tu progreso en una nueva vida terrenal.

»Era justamente yo, por mi imperfección, quien obligaba a las potencias del destino a que reencarnaras de nuevo, una y otra vez. Presente estaba en la hora de cada una de tus muertes, y por mi causa los dirigentes del karma disponían tu renacimiento. Solo por esta inconsciente transformación mía hacia la perfección en el curso de tales encarnaciones te habrías sustraído a las potencias de la muerte y entrado en la inmortalidad identificada conmigo.

»Y así como en la hora de la muerte estuve siempre a tu lado, aunque invisible, heme ahora ante ti en forma visible; y cuando hayas cruzado mi umbral, entrarás en aquellos reinos en los que otrora solo tenías acceso después de la muerte física. Penetrarás en ellos plenamente consciente y, en adelante, aunque sigas peregrinando físicamente visible sobre la tierra, peregrinarás también por el reino de la muerte, que en realidad es el reino de la vida eterna. Yo soy también en verdad el ángel de la muerte, pero soy al mismo tiempo el portador de una inagotable vida superior. Morirás por mí con tu cuerpo aún vivo, para renacer a la existencia imperecedera.

»En el reino al que vas a entrar, conocerás seres suprasensibles, y la bienaventuranza será tu herencia; pero yo mismo he de ser tu primera visión de ese mundo, ya que yo soy tu propia creación. Antes vivía yo de tu propia vida; ahora, empero, tú me despertaste a una existencia individual, y heme aquí, patrón visible de tus acciones futuras y quizá tu reproche perpetuo. Me has formado, mas con ello contrajiste a la vez el deber de transformarme».

Lo que se ha bosquejado aquí, en forma narrativa, no hay que interpretarlo como algo simbólico, sino como una vivencia intensamente real del discípulo. El «guardián» tiene que advertir al discípulo que no debe seguir adelante si no siente dentro de sí la fuerza necesaria para cumplir los requisitos expuestos en esa exhortación. Por terrible que sea la aparición de este guardián, solo es el efecto de la vida pasada del propio discípulo, su propia personalidad surgida de él mismo hacia una vida independiente. Este despertar tiene lugar por la disociación de la voluntad, del pensamiento y del sentimiento. Sentir por primera vez que, personalmente, se dio origen a un ser espiritual, es ya de por sí una vivencia de profundo significado. La preparación del discípulo debe haberlo capacitado para soportar esta visión terrible sin temor alguno, así como, en el momento del encuentro, suficientemente fortalecido para emprender con plena conciencia la responsabilidad de transformar y embellecer al guardián.

Una consecuencia del encuentro venturoso con el guardián del umbral es que la siguiente muerte física del discípulo, será un acontecimiento completamente distinto de las anteriores. Será consciente de su muerte, se despojará de su cuerpo físico tal como se deshace de un vestido gastado o quizá inútil por un súbito desgarrón. La muerte física ya no será un hecho de especial importancia para él, sino para los suyos, limitada todavía su percepción al mundo sensible. Para ellos, el discípulo «muere», en tanto que, para él, nada trascendente ocurre: el mundo suprasensible al que entra no le es desconocido: existía antes de su muerte y es el mismo mundo el que se le presenta tras ella.

El guardián del umbral se halla vinculado a otras cosas. El individuo pertenece a una familia, a un pueblo, a una raza, y su actividad en este mundo depende del hecho de pertenecer a tales comunidades; también su carácter individual tiene que ver con ellas. Mas la actividad consciente de los individuos no es lo único que hay que tener en cuenta al considerar una familia, una tribu, un pueblo o una raza. Las familias, naciones, razas, además de su característica, tienen su destino. Para quien se limite a sus sentidos, todo ello no pasará de ser conceptos generales, y el pensador materialista, con sus prejuicios, verá con desdén al investigador oculto al oír que para éste lo distintivo de la familia o del pueblo, el destino de la tribu o de la raza, corresponde a seres reales, tal como el carácter y el destino de un individuo es expresión de una personalidad real. El investigador espiritual se relacionará con mundos superiores de los que son miembros las personalidades individuales, tal como los brazos, las piernas y la cabeza lo son del ser humano. En la vida de una familia, de un pueblo o de una raza, entran en juego, además de las acciones de los individuos, los de seres reales que son el alma-grupo familiar, nacional, o el espíritu de la raza. En cierto sentido, hasta puede decirse que los individuos aislados son meramente los órganos ejecutivos de esas almas-grupo familiares, de esos espíritus raciales. No se afirma sino la verdad cuando decimos, por ejemplo, que un alma-grupo nacional, para llevar a cabo algún trabajo, se sirve de todo individuo perteneciente a este pueblo o nación. El alma-grupo nacional no desciende a la realidad sensible, sino que mora en mundos superiores, y para actuar en el mundo de los sentidos físicos, se sirve de los órganos físicos del individuo. Su actividad es comparable, en un sentido superior, a la de un arquitecto que recurre a sus obreros para los pormenores de la construcción. En el verdadero sentido de la palabra, el alma-grupo familiar, nacional o racial asigna su trabajo a todo individuo: sin que el hombre corriente haya sido iniciado en el plan superior de ese trabajo, colabora de forma inconsciente en las tareas de las almas-grupo nacionales, raciales, etc. Así, desde el momento de su contacto con el «guardián del umbral», ya no es suficiente que el individuo conozca su tarea como personalidad particular, sino que tendrá que colaborar conscientemente en la misión de su pueblo, de su raza.

La ampliación de su horizonte necesariamente le impone deberes mayores. Lo que realmente ocurre es que el discípulo añade un cuerpo nuevo a su cuerpo psíquico más sutil, se pone una vestidura adicional. Antes caminaba por el mundo provisto de las envolturas que cubrían su personalidad, y sus obligaciones hacia su comunidad, su pueblo o su raza eran dirigidas por los espíritus superiores, si bien realizadas a través de él, ahora, por revelación del «guardián del umbral», sabe que estos espíritus le retirarán en adelante su mano dirigente y que tendrá que separarse del círculo de su comunidad. El resultado sería que, como un individuo aislado, se endurecería completamente y se degradaría al no adquirir los poderes inherentes de los espíritus nacionales y raciales.

No faltará quien diga: «Ya me he liberado por entero de toda conexión de linaje o raza; solo quiero ser un hombre, nada más que un hombre»; pero a esto hay que responder: «¿Quién te ha conducido a esta libertad? ¿No ha sido tu familia la que te situó en el mundo donde te encuentras? ¿No es tu linaje, tu pueblo, tu raza, los que te han moldeado como eres? Ellos te educaron, y si ahora, por encima de todo prejuicio, tú eres uno de los porta-antorchas y bienhechores de tu grupo y hasta de tu raza, todo esto lo debes a la educación de ellos recibida. Aunque digas que no eres «nada más que un hombre», el haber llegado a serlo, lo debes a los espíritus de tus comunidades».

Solo el discípulo de la ciencia oculta podrá calibrar el alcance de estar completamente abandonado por los espíritus nacionales, familiares o raciales; él solamente experimentará por sí mismo cuán escaso es el valor de aquella educación para la vida que ahora le aguarda, pues todo lo que le ha sido inculcado por dicha educación se desvanece por completo al romperse los vínculos entre la voluntad, el pensamiento y el sentimiento. Mira hacia atrás observando los resultados de toda su educación previa, tal como miraría a una casa que estuviera desmoronándose y que tuviera que reconstruir de nuevo. Cuando el guardián del umbral ha enunciado sus primeras palabras, del lugar donde se encuentra se levanta un torbellino que extingue todas las luces espirituales que hasta ese momento habían iluminado el sendero de la vida del discípulo. Y esto también es algo más que una expresión meramente simbólica. El discípulo se encontrará entonces sumergido en completa oscuridad, solo mitigada por la luminosidad que emana del mismo guardián. Y de entre las tinieblas resonarán sus exhortaciones ulteriores:

«No cruces mi umbral mientras no estés seguro de poder iluminar por ti mismo la oscuridad en la cual penetras; no des ni un solo paso adelante mientras no tengas la certidumbre de que dispones de bastante aceite en tu propia lámpara. Las lámparas de los guías, que hasta ahora te conducían, te faltarán en lo futuro.»

Tras estas palabras, el discípulo tiene que volverse y mirar hacia atrás. El guardián del umbral descorre el velo que hasta ahora había ocultado profundos misterios de la vida. Los espíritus nacionales, raciales o familiares se le revelarán ahora en toda su actividad; y el discípulo comprenderá claramente de qué manera se le había conducido y se dará cuenta, no menos claramente, de que en adelante ya no disfrutará de tal dirección. Esta es la segunda advertencia recibida de su guardián ante el umbral.

Nadie podría soportar sin preparación el aspecto recién bosquejado; pero la disciplina superior que ha capacitado al discípulo para avanzar hasta allí lo capacita también para encontrar la fuerza necesaria en el momento oportuno. En verdad, el entrenamiento puede aun ser tan armonioso, que la entrada a la vida nueva quede exenta de cualquier carácter inquietante o tumultuoso. En este caso las experiencias del discípulo ante el umbral irán acompañadas de una premonición de aquella bienaventuranza que constituirá la nota fundamental de su vida recién despierta. El sentimiento de una nueva libertad predominará sobre todo lo demás; y, basado en ese sentimiento, sus nuevos deberes y responsabilidades se le aparecerán como algo que le corresponde, necesariamente, en determinado escalón de la vida.

La vida y la muerte. El guardián mayor del umbral

Hemos puesto de relieve en el capítulo anterior la gran importancia que tiene para el hombre el encuentro con el llamado «guardián menor del umbral». Esta importancia se debe a que percibe este guardián como un ser suprasensible que él mismo ha engendrado y cuyo cuerpo es la manifestación de las consecuencias anteriormente invisibles, de las propias acciones, sentimientos y pensamientos del discípulo. Estas fuerzas invisibles se han trocado en la causa de su destino y de su carácter; y el discípulo llega a comprender cómo él mismo, en el pasado, puso los cimientos del presente. Así, su propia esencia se le aparece revelada hasta cierto grado: por ejemplo, sabe por qué tiene ciertas inclinaciones y hábitos; de dónde han procedido ciertos golpes que ha sufrido del destino; se da cuenta de por qué ama una cosa y odia otra, de por qué una cosa le hace feliz y otra desdichado. La vida visible se le vuelve comprensible por sus causas invisibles; se revelan ante su mirada los factores esenciales de la vida; la enfermedad y la salud, la muerte y el nacimiento; observa que antes de su nacimiento tejió las causas que necesariamente tuvieron que conducirlo a una nueva vida. Conoce aquel ser que lleva dentro de sí, creado dentro del mundo visible de una manera imperfecta, pero solo perfectible en este mismo mundo, ya que en ningún otro existe oportunidad alguna de trabajar para su perfeccionamiento. Comprende, además, que la muerte no puede separarlo definitivamente de este mundo, y así se dice: «Antaño vine por primera vez a esta realidad física porque necesitaba la vida de este mundo para la adquisición de cualidades que no hubiera podido lograr en ningún otro. Debo permanecer ligado a este mundo hasta haber desarrollado dentro de mi ser todo cuanto solo aquí puede conquistarse. No llegaré a ser, algún día, un colaborador útil en otro mundo, si no adquiero las facultades requeridas en este mundo sensible».

Una de las experiencias más importantes del iniciado consiste, así pues, en que adquiere un conocimiento y una estimación del verdadero valor de la naturaleza visible, mejores de los que le era posible tener antes de su disciplina espiritual. Esta comprensión la debe justamente a su visión del mundo suprasensible. Quien no posea tal facultad y, quizá por esta razón, se imagine que las regiones suprasensibles son infinitamente más valiosas, podrá menospreciar el mundo sensible; pero el vidente será consciente de que sin las experiencias de la realidad visible, se vería reducido a una impotencia absoluta en la realidad invisible. Para poder vivir en ésta, le es necesario poseer facultades e instrumentos que solo puede adquirir en el mundo visible. No puede existir la conciencia del mundo invisible sin vista espiritual, y esta videncia del mundo «superior» se desarrolla gradualmente a través de las experiencias vividas en el «inferior». Nadie puede nacer en el mundo superior con ojos espirituales si no los ha desarrollado en el mundo sensible, al igual que un niño no podría nacer con ojos físicos si éstos no se hubieran formado ya en el seno de la madre.

Esta consideración explica por qué el «umbral» del mundo suprasensible está custodiado por un «guardián». De ninguna manera alcanza una visión real de esas regiones quien carezca de las facultades necesarias. De ahí que se corra un velo sobre los fenómenos superiores cada vez que, al morir, el hombre entre en otro mundo incapacitado aún para actuar en él. Solo le será dable contemplarlos cuando haya llegado a la madurez completa.

Cuando el discípulo entra en aquel mundo la vida adquiere para él un sentido enteramente nuevo; ve en el mundo sensible el semillero de un mundo superior, de manera que, en cierto sentido, el mundo «superior», sin el «inferior» parece deficiente. Dos perspectivas se le abren: una hacia el pasado, otra hacia lo futuro. Su mirada se extiende a un pasado cuando la realidad sensible no existía aún; ya hace tiempo que se encuentra por encima del prejuicio de que el mundo suprasensible se ha desarrollado del sensible. Sabe que en el principio existía lo suprasensible y que de él evolucionó todo lo sensible. Ve que él mismo, antes de venir por vez primera a lo físico, pertenecía a lo suprasensible y que este prístino mundo suprasensible necesitaba pasar por el sensible, para que fuera posible su evolución ulterior. Solo cuando en el reino de lo sensible se hayan desarrollado seres con las facultades correspondientes será cuando el mundo suprasensible podrá reanudar su curso. Esos seres son los hombres; ellos deben su modo actual a una etapa imperfecta de la existencia espiritual y se les conduce, dentro de esta etapa, hacia aquella perfección que los hará aptos para la continuación de su obra en beneficio del mundo superior. Desde aquí la perspectiva se dirige hacia lo futuro, y muestra una fase más perfecta del mundo suprasensible que contendrá los frutos cultivados en el mundo sensible. Este mundo sensible, como tal, será trascendido; mas sus resultados se incorporarán a un mundo superior.

Con ello se comprende la enfermedad y la muerte en el mundo sensible. La muerte no es sino la expresión de que el prístino mundo suprasensible ha llegado a un punto más allá del cual no podría progresar por sí mismo. Una muerte universal hubiera sido necesaria si este mundo no hubiera recibido un nuevo impulso vital, y así, esta nueva vida se ha convertido en una lucha contra la muerte universal. De entre los remanentes de un mundo en estado de endurecimiento y descomposición, brotaron y florecieron las simientes de un mundo nuevo. De ahí que existan en el mundo la muerte y la vida. La mutación se efectúa lentamente: las partes decadentes del mundo antiguo persisten adheridas a los nuevos gérmenes de vida que de ellas surgieron. Este hecho halla su expresión más clara en el hombre mismo: lleva como su envoltura lo que ha conservado de aquel mundo antiguo y dentro de ella se desarrolla el germen del ser que vivirá en el porvenir. Así, el hombre es un ser de doble aspecto: mortal e inmortal; lo mortal está en su fase final, lo inmortal en la inicial. Mas sólo dentro de este mundo doble, cuya expresión es la sensualidad física, es donde el hombre adquiere las facultades necesarias para conducirlo a la inmortalidad. Su tarea consiste precisamente en cosechar, de lo mortal, los frutos para lo inmortal.

Al contemplar su propio ser, tal como él mismo lo ha forjado en el pasado, tiene que decirse: «Llevo dentro de mí los elementos de un mundo en decadencia que se hallan activos dentro de mí y cuyo poder solo poco a poco puedo aniquilar, gracias a los nuevos elementos inmortales que nacen a la vida». Así, el camino del hombre conduce de la muerte hacia la vida. Si, en la hora de su muerte, uno pudiera hablar consigo mismo con plena conciencia, tendría que decirse: «Lo perecedero ha sido mi maestro; mi muerte es un efecto de todo el pasado, al que estoy vinculado; mas el suelo de lo mortal hizo madurar los gérmenes de mi vida inmortal, los que llevo conmigo a otro mundo. Si no entran en juego más que el pasado, nunca hubiera yo podido haber nacido; la vida del pasado llegó a su fin con el nacimiento. La vida en el mundo sensible es arrebatada a la muerte universal por el nuevo germen vital. El período entre el nacimiento y la muerte es tan solo la expresión cuantitativa de lo que la vida nueva ha arrebatado al pasado moribundo, y la enfermedad no es sino el efecto prolongado de las proporciones moribundas de ese pasado».

Todo esto nos capacita para responder a la pregunta de por qué el hombre avanza tan solo mediante un trabajo gradual, del error y la imperfección hacia la verdad y el bien. Sus acciones, sentimientos y pensamientos están dominados, al principio, por lo perecedero y mortal, origen de sus órganos sensorios. De ahí que estos órganos, y cuanto sobre ellos actúa, estén destinados a perecer. No son los instintos, impulsos, pasiones, ni los órganos respectivos, los que representan lo imperecedero: lo imperecedero late únicamente en la obra realizada por esos órganos. Solo una vez que haya extraído de lo perecedero todo lo que sea posible, el hombre podrá descartar los elementos que le servían de base para su desarrollo y cuya expresión es el mundo de los sentidos físicos.

Así, el primer «guardián del umbral» se yergue ante el hombre como la imagen de su doble naturaleza, mezclada de lo perecedero y de lo imperecedero; y su aspecto demuestra claramente cuánto le falta todavía para alcanzar aquella figura luminosa y sublime, que de nuevo pueda habitar en el mundo puro y espiritual. Se hace visible para el hombre el grado de complicaciones todavía existente con la naturaleza física. En este enmarañamiento se hacen patentes desde el primer instante los instintos, impulsos, apetitos, deseos interesados y toda forma de egoísmo; así como su subordinación a una raza, a un pueblo, ya que pueblos y razas no son sino escalones evolutivos que conducen hacia la humanidad pura. Una raza o un pueblo se encontrará a un nivel tanto más elevado, cuanto más perfectamente sus componentes representen el tipo puro e ideal de la humanidad, y cuanto más hayan avanzado en su camino de lo físico y perecedero hacia lo suprasensible e imperecedero. Por lo tanto, la evolución del ser humano a través de las reencarnaciones hacia formas nacionales y raciales cada vez más elevadas es un proceso de liberación al final del cual el hombre aparecerá con armoniosa perfección. De manera semejante, el paso a través de formas de moralidad y religión cada vez más puras, también es un proceso de perfeccionamiento, ya que cada grado moral sigue conteniendo, al lado de los gérmenes ideales del futuro, el afán de lo perecedero.

Ahora bien, en el «guardián del umbral» descrito, solo se presentan los resultados del pasado y solo contiene aquellos gérmenes de lo futuro que han sido implantados durante el tiempo transcurrido. Pero el ser humano debe llevar al futuro mundo suprasensible todo cuanto pueda extraer del mundo sensible. Si se conformara con aportar nada más que lo que el pasado haya entretejido en su contra-imagen, cumpliría solo en parte su tarea terrenal. Por esta razón, al cabo de cierto tiempo, el «guardián mayor» se une al «guardián menor del umbral». Nuevamente se describirá en forma narrativa lo que sucede cuando el hombre encuentra este segundo «guardián».

Cuando el discípulo ha reconocido los elementos de los cuales debe liberarse, se presenta ante él, cerrándole el paso, un ser sublime y luminoso cuya belleza es difícil de describir en palabras de nuestro lenguaje. Este encuentro tendrá lugar cuando la disociación de los órganos del pensar, del sentir y del querer se extienda al cuerpo físico, de modo que sus relaciones recíprocas ya no estén reguladas por sí mismas, sino por la conciencia superior, emancipada por completo de las condiciones físicas. Los órganos del pensar, del sentir y del querer se habrán convertido ya en instrumentos a disposición del alma humana que ejerce su predominio desde las regiones suprasensibles. Liberada así de todo vínculo físico, el alma se enfrenta al segundo «guardián del umbral», que le habla en términos semejantes estos:

«Te has liberado del mundo de los sentidos, y has conquistado la ciudadanía del mundo suprasensible desde donde podrás actuar en adelante. Por tu parte, ya no necesitarás de tu corporalidad física en su forma actual. Si tu intención fuera solo adquirir la facultad de morar en este mundo suprasensible, ya no tendrías necesidad de regresar al físico; sin embargo, ¡mírame! Percibe cuán infinitamente estoy por encima de todo cuanto hasta ahora has hecho de ti. Llegaste a tu grado actual de perfección gracias a las facultades que pudiste desarrollar en el mundo sensible, mientras dependías todavía de él; pero desde este momento ha de empezar para ti una nueva era en la cual tus fuerzas liberadas han de seguir trabajando en el mundo sensible. Hasta ahora te has redimido solo a ti mismo; en adelante, ya libre, podrás colaborar en la liberación de todos tus compañeros del mundo terrenal. Hasta hoy luchaste como individuo; ahora has de buscar tu lugar en el conjunto, para que no solo tú llegues al mundo suprasensible, sino contigo traigas también a todo lo demás que existe en el físico. Día llegará en que puedas unirte a mí, pero yo no puedo disfrutar de bienaventuranza en tanto que otros permanezcan sin redimir. Como ser liberado individual, podrías entrar desde este momento en el reino de lo suprasensible, pero quedarías obligado a mirar hacia abajo, hacia los seres del mundo sensible que todavía no lo trascendieron; habrías apartado tu destino del suyo, a pesar de estar tú con ellos inseparablemente unido. Todos tuvisteis que descender al mundo sensible a fin de sacar de él las fuerzas necesarias para un mundo superior. Si te separaras de ellos, harías mal uso de unas fuerzas que solo en comunidad con ellos pudiste desarrollar. Tú no hubieras podido descender si ellos no hubieran descendido, y sin ellos hubieras carecido de las energías para tu existencia suprasensible. Debes, pues, compartir con tus hermanos los poderes que junto con ellos conquistaste. Por eso te vedaré la entrada a las regiones más elevadas del mundo suprasensible en tanto no hayas aplicado todas las fuerzas adquiridas en bien de la redención del mundo al que perteneces. Con los poderes ya conquistados debes morar en las regiones inferiores del mundo suprasensible; pues yo guardaré la puerta de las regiones superiores, vedándote la entrada, como el querubín con la espada flamígera ante la puerta del Paraíso, mientras te queden fuerzas no usadas en el mundo sensible. Si rechazas servirte de ellas, otros vendrán que sí han de aplicarlas y un mundo suprasensible más elevado recogerá todos los frutos del sensible, mientras el suelo donde estabas arraigado se hundirá bajo tus pies. El mundo purificado te sobrepasará en su desarrollo y tú quedarás excluido de él. Así hollarías el sendero negro, en tanto que los demás, aquellos de quienes te apartaste, seguirán el sendero blanco».

Así se manifiesta el «gran guardián del umbral», poco después de haber tenido lugar el encuentro con el primero. El iniciado sabe exactamente qué suerte le espera si atiende a la seducción de una estancia prematura en el mundo suprasensible. Un esplendor indescriptible irradia del segundo guardián del umbral; la unión con él aparece ante el alma vidente como una meta lejana, acompañada de la certidumbre de que esta unión no será posible sino cuando el iniciado haya aplicado, en beneficio de la liberación y redención de este mundo, todas las fuerzas obtenidas en él. Si atiende a las demandas de este alto ser resplandeciente, el iniciado contribuirá a la liberación del género humano, ofrendará sus dones como sacrificio en el altar de la humanidad. En cambio, si prefiere su elevación prematura al mundo suprasensible, la corriente de la evolución humana pasará por encima de él y lo dejará atrás. Después de su liberación, ya no puede lograr para sí mismo beneficio alguno del mundo sensible, lo que implica que pone su trabajo al servicio de este mundo, renunciando a sacar cualquier provecho personal.

De lo anterior no puede inferirse que el hombre, al verse ante esa alternativa, elija natural y espontáneamente el sendero blanco. Esto depende totalmente de si, en el momento de la decisión, ya está tan purificado que ninguna traza de egoísmo le haga apetecibles las seductoras perspectivas de la bienaventuranza. Estas tentaciones son poderosas; en cambio, en el otro lado nada se presenta particularmente atractivo; nada apela aquí a su egoísmo. Lo que el hombre obtiene en las regiones superiores del mundo suprasensible no es nada que fluya hacia él, sino que emana de él, es decir, el amor para con el mundo al que pertenece. Nada le faltará en el sendero negro de cuanto el egoísmo pueda ansiar, antes al contrario, ya que este sendero satisface el más completo egoísmo y atraerá, sin duda, a aquellos que solo busquen su felicidad personal, puesto que para ellos es, en efecto, el sendero apropiado.

Nadie espere, por tanto, que los ocultistas del sendero blanco le den instrucciones para el desarrollo egoísta de su propio yo. Ellos no tienen el menor interés por una felicidad individual que puede alcanzar cualquiera por sí mismo: no es su misión acortar el camino; la única preocupación de los ocultistas blancos es el desarrollo y la liberación de todo ser humano y de todas las criaturas que acompañan al hombre. En consecuencia, sus instrucciones se vinculan tan solo con el desarrollo de facultades que faciliten esa labor. Por ello la devoción desinteresada y el propio sacrificio figuran por encima de todas las demás cualidades. A nadie rechazan rotundamente, puesto que incluso el ser más egoísta puede purificarse; pero quien recurra a ellos en busca de provecho personal, no encontrará ayuda alguna, y el buscador mismo se privaría de los frutos que pudiera alcanzar, aun cuando ellos no dejarán de tenderle la mano. Quien siga realmente los preceptos de los buenos instructores del ocultismo comprenderá, después de atravesar el umbral, las exigencias del gran guardián; en cambio, quien no los observe, no espere llegar a ese umbral. Sus instrucciones, o bien serán de resultados benéficos, o bien no darán resultado alguno, ya que no pretenden guiar a los individuos a una felicidad egoísta o a una mera estancia en el mundo suprasensible. Su misión implica, desde un principio, el mantener al discípulo distante del mundo suprasensible, hasta que pueda entrar en él en actitud de desinteresada colaboración.

Apéndice a la última edición del autor (1918)

El camino hacia el conocimiento suprasensible descrito en la presente obra conduce al alma a una vivencia, y es especialmente importante que quien aspire a ella no se entregue a ilusiones o concepciones erróneas, aunque sea natural que se tienda a ello por lo que aquí entra en juego.

Entre las equivocaciones es de particular gravedad aquella en que se incurre cuando todo el campo de experiencia interior del alma, objeto de la verdadera ciencia espiritual, es dislocado de manera tal que se le sitúe al mismo nivel que la superstición, los ensueños visionarios, el ejercicio del médium y otras aberraciones humanas. Tal dislocadura se debe muchas veces al hecho de que a las personas decididas a seguir el camino descrito en esta obra se las confunde con las que buscan la realidad suprasensible por métodos ajenos a una genuina aspiración hacia el conocimiento, y así se lanzan por rutas equivocadas. Lo que el alma humana experimenta en el camino aquí referido, se realiza enteramente en el campo de la experiencia puramente psíquico-espiritual. Tales experiencias solo son posibles si el hombre logra liberarse e independizarse de su vida corporal para lograr ciertas experiencias internas, tal como lo consigue en las experiencias de la conciencia ordinaria cuando forma pensamientos acerca de lo percibido del exterior, o de lo internamente deseado, sentido o intentado, sin que las ideas se originen en lo percibido, sentido o deseado. Hay quienes niegan rotundamente que existan pensamientos de índole semejante; creen que el ser humano no puede pensar algo que no derive de la percepción o de la vida interior dependiente del cuerpo. Para tales personas, todo pensamiento no es sino simple sombra de percepciones o de experiencias internas. Quien afirma tal cosa nunca ha logrado elevar su alma a la facultad de vivir en el pensar puro, existente por sí mismo; quien ha llegado a vivir tal experiencia sabe que dondequiera que el pensar impere en la vida psíquica, impregnando las demás funciones del alma, el hombre despliega una actividad en la que no participa su cuerpo. En la vida psíquica ordinaria, el pensar casi siempre se mezcla con otras funciones del alma, tales como percibir, sentir, querer, etc. Es el cuerpo el que realiza estas funciones, pero el pensar se introduce en ellas, y en la medida en que lo hace tiene lugar un proceso dentro y a través del hombre en el que su cuerpo no participa. Esto solo pueden negarlo quienes sean incapaces de sobreponerse a la ilusión originada en el hecho de que la actividad cogitativa siempre se observa en unión con otras funciones. Sin embargo, por un esfuerzo interior del alma es posible llegar a experimentar la parte cogitativa de la vida interior, separada de todo lo demás que la integra. De entre la totalidad de la vida psíquica puede separarse algo que es solo pensamiento puro, esto es, pensamientos existentes por sí mismos, independientes de cuanto pueda originarse de la percepción o de la vida interior condicionada por el cuerpo. Tales pensamientos, por sí mismos, por lo que son, se revelan como entidades espirituales suprasensibles. Y el alma que se vincula con ellos, excluyendo durante el intervalo toda percepción, todo recuerdo, toda otra actividad interior, llega a convencerse de morar mentalmente en un plano suprasensible y tiene la vivencia de estar fuera de su cuerpo. Para quien comprende plenamente todo esto, deja de tener sentido la pregunta: «¿Existe la posibilidad de que el alma se experimente en un elemento suprasensible fuera del cuerpo?», ya que tal pregunta significaría que él niega su «conocimiento experimental». Lo único que le cabe preguntar es: «¿Qué obstáculo impide al hombre reconocer un hecho tan indudable?» Y la respuesta es que tal cosa no puede revelarse sin que el estudiante cultive el estado psíquico que le permita recibir la revelación.

Ahora bien, en un principio, muchas personas se tornan desconfiadas si se les exige una acción puramente psíquica mediante la cual ha de revelárseles algo esencialmente independiente a ellas. Tales personas, por el hecho de prepararse para la revelación, suponen que ellas mismas dan a ésta su contenido. Exigen experiencias a las que nada tengan que contribuir y que les permitan permanecer en completa pasividad. Si estas personas ignoran, además, los más simples requisitos para comprender científicamente un hecho dado, tomarán por revelación objetiva de una entidad no sensible contenidos o creaciones del alma en los cuales la propia actividad consciente de ésta se ve reducida a un grado inferior al que caracteriza la percepción sensoria y el acto volitivo. Constituyen ese contenido psíquico las experiencias visionarias o las revelaciones de los médiums. Pero lo que sale a la luz a través de todo ello no es un mundo suprasensible, sino infrasensible.

La vida humana de la vigilia no transcurre enteramente dentro del cuerpo, sino que se desenvuelve, sobre todo su parte más consciente, en los límites entre el cuerpo y el mundo físico externo. Tal es el caso de la vida perceptiva en la que los órganos sensorios son penetrados por un proceso extracorpóreo y, a la vez, impregnados por la actividad del cuerpo; tal es el caso, asimismo, de la vida volitiva que descansa en la adaptación del ser humano al ser cósmico, de suerte que lo que suceda al hombre por su voluntad sea a la vez un eslabón del suceder cósmico. En estas experiencias psíquicas, que rozan los linderos del cuerpo, el hombre depende en alto grado de su organización corporal; pero como en ellas interviene la actividad mental, el hombre se emancipa del cuerpo en lo que concierne a la voluntad y percepción sensoria. En la experiencia visionaria o en fenómenos con médiums, el hombre depende totalmente del cuerpo, reprime, en su vida psíquica, los elementos que lo emancipan del cuerpo en cuanto a su percepción y voluntad. Así, el contenido y las creaciones de su alma son meras revelaciones de su vida corpórea. Las experiencias visionarias y de los médiums deben su existencia a la circunstancia de que la persona que las vive o produce está psíquicamente menos independiente de su cuerpo que en la vida perceptiva o volitiva ordinaria. La experiencia de lo suprasensible a que se refiere esta obra, es decir, el desarrollo de la vida psíquica, toma un rumbo opuesto al del visionario o médium. El alma va quedando progresivamente más independiente del cuerpo de lo que lo está en su vida perceptiva y volitiva. Alcanza la independencia que caracteriza la vivencia del pensar puro, en las actividades psíquicas mucho más extensas.

Es de importancia extraordinaria comprender plena y claramente la vivencia del pensar puro en la actividad suprasensible del alma aquí indicada, ya que, en el fondo, esta vivencia es ya de por sí una actividad psíquica suprasensible, si bien nada suprasensible se perciba por su medio. Con el pensar puro vivimos en lo suprasensible; pero experimentamos de una manera suprasensible solamente este mismo pensar, sin además experimentar todavía nada suprasensible. La experimentación suprasensible ha de ser la continuación de aquel experimentar psíquico que ya puede alcanzarse mediante la unión con el pensar puro. De ahí que importe tanto conocer y comprender correctamente esta unión, pues de su comprensión brota la luz que facilitará la última captación de la naturaleza del conocimiento suprasensible. Si las experiencias psíquicas descienden a una claridad de conciencia inferior a la que prevalece en el pensar, significa que el alma sigue un camino desviado respecto al verdadero conocimiento del mundo suprasensible. El alma, en este caso, es presa de las funciones corpóreas; y lo que experimenta y crea no sería entonces la revelación, por su medio, de lo suprasensible, sino la revelación de lo corpóreo en la esfera del mundo infrasensible.

Una vez que el alma haya penetrado en la esfera de lo suprasensible, sus experiencias son de tal índole que no es fácil encontrar, como lo es para las vivencias de lo sensible, terminología para ellas. Hay que tener presente, a menudo, para las descripciones de las experiencias suprasensibles, que la distancia que media entre un hecho dado y su término descriptivo es mayor que en el caso de la experimentación física. Hemos de comprender que no pocos términos tienen por objeto servir de ilustración, aludiendo de forma delicada a la realidad a la cual se refieren. Téngase en cuenta lo que en el texto decimos: «pues, originalmente, todas las reglas y enseñanzas de la ciencia espiritual se daban en un lenguaje de signos simbólicos», y cuando hacemos mención de «cierto sistema de escritura».

Ahora bien, alguien puede fácilmente creer que el aprendizaje de tal escritura puede lograrse de manera semejante o como se aprenden los signos del alfabeto ordinario, así como sus combinaciones. Al respecto hay que decir que han existido, y existen, escuelas y asociaciones de ciencia espiritual que poseen signos simbólicos mediante los cuales dan expresión a hechos suprasensibles, y quien se inicia en el significado de tales signos adquiere un medio de dirigir su experimentación psíquica a las realidades suprasensibles respectivas.

Con todo, este lenguaje de signos externos no es esencial para las experiencias suprasensibles; lo que sí es esencial para la experiencia suprasensible es que en el curso de ella, tal como el alma puede adquirirla mediante la realización del contenido de la presente obra, el alma conquiste, por experiencia propia, la revelación de tal escritura. Lo suprasensible transmite algo que el alma tendrá que traducir a esos signos ilustrativos para llegar a una captación con plena conciencia. Puede darse por sentado que toda alma puede realizar lo que se imparte en esta obra. Y en el curso de tal realización, determinado por el alma misma según las indicaciones dadas, los resultados se presentan como se ha descrito. ¡Que el lector considere este libro como una conversación entre el autor y él! Se ha dicho que el discípulo necesita instrucción personal: interprétese esto en el sentido de que este libro es, en sí mismo, esta instrucción personal. Antaño había razones para circunscribir tales instrucciones personales a la enseñanza oral oculta; hoy hemos llegado a una etapa evolutiva de la humanidad en que el conocimiento científico de lo espiritual ha de ser diseminado mucha más pródigamente que en los antiguos tiempos; ha de ser puesto al alcance de todos, sin mayor extensión que antes. Así, el libro ocupa el lugar de la antigua instrucción oral. En cierto sentido es correcto decir que, además de este libro, se necesita instrucción personal. Sin duda algún que otro estudiante puede necesitar ayuda personal; esto puede ser de importancia para él o para ella; pero sería erróneo pensar que existan hechos fundamentales no mencionados en este opúsculo. Los encontrará quien lo lea correctamente y, sobre todo, completamente.

* * *

Las exposiciones que constituyen el contenido de esta obra parece como si requirieran una íntegra transformación de todo el ser humano. Sin embargo, leyéndolas correctamente se notará que solo se trata de describir la condición interior del alma requerida para los momentos en que se quiera hacer frente al mundo suprasensible. El discípulo desarrolla esta condición psíquica como una segunda entidad dentro del hombre, en tanto que la otra sigue su curso de la manera acostumbrada en plenitud vital. El discípulo sabe mantener separadas estas dos entidades en plena conciencia, y sabe cómo hacerlas reaccionar recíprocamente de la manera debida. Esto no lo vuelve incompetente o inútil para la vida, ni lo lleva a perder su interés y habilidad para ella por «concentrarse durante todo el día en la investigación espiritual». Su modo de experimentar en el mundo suprasensible proyectará la luz sobre todo su ser, sin duda, pero lejos de desviarlo de la vida, la convertirá en más capaz y fecunda. La necesidad de adoptar en estas descripciones, no obstante lo dicho, el tono aquí empleado, estriba en que todo proceso cognoscitivo dirigido a lo suprasensible reclama plena actividad del ser humano, de suerte que en el momento en que éste se entregue a ese proceso, deberá hacerlo con todo su ser. Mientras que en el proceso de percibir un color solo se exige el ojo con su prolongación nerviosa, en el de la cognición suprasensible se exige al hombre entero. El hombre, se vuelve «todo ojo» o «todo oído». Por esta razón, al informar sobre la formación de los procesos cognoscitivos suprasensibles, parece como si se impusiera una transformación del ser humano, como si no hubiera nada bueno en el hombre ordinario y él debiera convertirse en algo totalmente diferente.

* * *

Quisiera añadir algo a lo dicho en esta obra sobre «algunos efectos de la iniciación»; algo que, *mutatis mutandis*, puede valer también para otras exposiciones de este libro. Alguien puede pensar por qué se describe la experimentación suprasensible de una forma figurada; por qué no se recurre a conceptos sin necesidad de emplear tales ilustraciones. En respuesta puede decirse que para experimentar la realidad suprasensible es esencial que el hombre mismo se reconozca como ser suprasensible en el mundo suprasensible. Sin la contemplación de su propia entidad suprasensible, cuya inherente realidad se revela completamente al describir las «flores de loto» y el «cuerpo etéreo», el hombre se experimentaría a sí mismo dentro de lo suprasensible, tal como si estuviese colocado en el mundo sensible, de manera que solo las cosas y los acontecimientos se le revelarían a su alrededor, pero sin que él tuviera noción de su propio cuerpo. La percepción de su forma suprasensible en el «cuerpo anímico» y en el «cuerpo etéreo» lo capacita para situarse, consciente de sí mismo, en el plano suprasensible, tal como la percepción de su cuerpo sensorio lo capacita para situarse, consciente de sí mismo, en el mundo sensible.

♥

Printed in Great Britain
by Amazon